Pam **Zip** **Ricky** **Holly**

Los Hollister

en el Castillo de Roca

RBA MOLINO

Los Hollister
en el Castillo de Roca

Jerry West

Traducción de Mireia Rué
Ilustraciones de Pedro Rodríguez

RBA

Título original inglés: *The Happy Hollister and the Castle Rock Mystery.*

Avda. Diagonal, 189 - 08018 Barcelona.
rbalibros.com

Diseño de colección: juliafont.com

Primera edición: junio de 2015.

RBA MOLINO
REF.: MONL248
ISBN: 978-84-272-0858-2
DEPÓSITO LEGAL: B. 11.670-2015

ANGLOFORT, S. A. · PREIMPRESIÓN

CAPÍTULO 1

El paracaídas naranja

—¡Eh, fijaos en eso! ¡Es un paracaídas! —exclamó Holly Hollister, señalando el cielo desde el medio del jardín—. ¡Y va a aterrizar justo encima de nuestras cabezas!

La voz chillona de esa niña de seis años fue como una alarma de incendios: dentro de la bulliciosa casa resonaron pasos de niños corriendo y se oyeron gritos de «¿Dónde?» y «¡Yo también quiero verlo!».

El primero que apareció por la puerta fue Ricky, un niño de siete años pelirrojo y lleno de energía, seguido por un atractivo muchacho de doce años que llevaba el pelo muy corto, su hermano Pete.

Mientras los dos muchachos bajaban ruidosamente las escaleras de la entrada, dos niñas salieron de la casa: Pam, de diez años, le cogía la mano a la pequeña Sue, su hermanita de cuatro años, que echó a correr hacia

Holly tan deprisa como pudieron llevarla sus piernecitas rollizas.

—¡Yo no veo ningún paracaídas! —exclamó Ricky, llevándose la mano a la altura de las cejas para hacer visera.

—Lo tapa esa nube tan grande y espesa —respondió Holly, jugueteando, nerviosa, con una de sus trenzas.

—¡Ahí está de nuevo! —exclamó Pam—. ¡Es de color naranja chillón!

—Pero ¡si no lo lleva nadie! —observó Sue—. Oh, no, ¿y si el paracaidista se ha caído?

—Lleva algo colgando —se fijó Pete—. ¡Mirad! ¡Parece una caja!

El paracaídas se balanceó, llevado por el viento, y sobrevoló las casas de las afueras de Shoreham cada vez a menos altura. Por un momento pareció que la brisa iba a arrastrarlo hacia el lago de los Pinos, en cuya orilla se encontraba la casa de los Hollister, pero otro soplo le cambió de nuevo la trayectoria.

De pronto, los gritos de otro muchacho que subía a toda prisa el sendero de la casa montado en su bicicleta los sobresaltaron a todos.

—¡Oh, no! ¡Es Joey Brill! —se lamentó Ricky cuando el fornido ciclista arrojó su bicicleta a un lado y echó a correr tras el paracaídas naranja.

Joey tenía doce años, como Pete, pero, a diferencia del hijo de los Hollister, siempre ponía cara de mal humor y parecía disfrutar fastidiando a los demás.

—¡Es mío! ¡Yo lo he visto antes! —gritó Joey con avaricia tratando de hacerse con el botín.

Pero mientras Joey exigía el premio a gritos, Pete dio un salto y consiguió atrapar el paracaídas antes de que aterrizara en el suelo. Mientras el muchacho de los Hollister cogía la caja blanca con las manos, Joey agarraba la parte superior del paracaídas.

—¡Dámela! —protestó el abusón reclamando la caja.

—¡Suéltalo! —le exigió Pete—. ¿No ves que está hecho de papel? ¡Lo vas a romper!

—No es vuestro —lo desafió Joey con un grito.

—Ni tuyo tampoco —respondió Pam.

Pete examinó la caja que colgaba de los cordeles blancos del paracaídas. Era un tubo de plástico con un extremo redondeado que sobresalía de la base. Mientras Pete contemplaba el extraño artilugio, Pam se fijó en que había algo escrito en uno de los lados de la caja blanca. Un aviso en letras negras decía:

POR FAVOR,
DEVOLVEDLO A LA OFICINA METEOROLÓGICA
DE ESTADOS UNIDOS

—¿Lo ves? ¡Es del Gobierno! —exclamó Pam.

—Debe de ser una especie de instrumento de medición —supuso Pete, todavía examinando la caja.

Joey, muy enfadado, agarró el tubo con todas sus

fuerzas y se lo arrancó de las manos. Pam se quedó boquiabierta. Dentro del paquete había varias pilas diminutas, cables de colores y un tubo de cristal.

—Es una radio —dijo Pete.

—¡Pero Joey se la ha cargado! —exclamó Ricky.

—¿Y qué más da? Al Gobierno le sobra el dinero —respondió Joey. Y añadió bruscamente—: Dame eso. Voy a fabricarme una radio para mí.

—Ni lo sueñes —dijo Pete arrebatándole el tubo de las manos—. Lo mandaremos a la Oficina Meteorológica de Estados Unidos, tal como piden.

La firmeza de Pete desanimó a Joey, que, mirando a los Hollister uno a uno, dijo con la boca torcida:

—¡Sois todos unos cagados! —Y se marchó arrastrando los pies mientras murmuraba—: Sigo diciendo que ese paracaídas es mío, y lo voy a conseguir.

Y, tras montarse en la bici de un salto, desapareció calle abajo. Un atractivo muchacho de su misma edad apareció entonces corriendo césped a través.

—¡Hola, Dave! —lo saludó Pete, y añadió—: ¡Mira lo que hemos encontrado!

Dave Mead, que vivía en la misma calle, un par de casas más abajo, se quedó asombrado al ver ese paquete de instrumentos de medición.

—Seguro que viene de un globo sonda —dijo—. ¡Vaya, es genial! ¿Crees que os podréis quedar con el paracaídas?

—Tal vez —respondió Pete—. Se lo preguntaremos a mi padre cuando venga a comer.

Los muchachos llevaban solo unos minutos estudiando su descubrimiento cuando el coche del señor Hollister apareció por el sendero de la casa. El padre de los chicos era un hombre alto y atlético, con el cabello castaño y ondulado y los ojos sonrientes. Cuando se apeó del vehículo, todos corrieron hacia él con su tesoro.

—Había oído hablar de estos paracaídas con instrumentos de medición —dijo el señor Hollister mientras manipulaba la caja—, pero confieso que no sé mucho sobre ellos.

Y le sugirió a Pete que llevaran el tesoro al señor Kent, que se encargaba de escribir la columna del tiempo en el *Shoreham Eagle*.

—No creo que haya ningún problema con que os quedéis con el paracaídas, siempre y cuando devolváis el contenido de la caja —añadió el señor Hollister.

Pete se sacó la navaja del bolsillo y cortó los cordeles que sujetaban el paquete de instrumentos al paracaídas.

—¡Guay! —exclamó Ricky—. ¡Nos lo pasaremos genial con esto!

Y echó a correr por el jardín agarrando las cuerdas del paracaídas mientras el papel naranja flotaba tras él.

La señora Hollister apareció entonces en la puerta de la casa. Era una mujer delgada y atractiva, con el pelo rubio y una sonrisa radiante. Después de saludar a su marido, invitó a Dave a comer.

La casa de los Hollister era un lugar acogedor, en el que todos los niños del vecindario eran bienvenidos.

Siempre ocurrían cosas divertidas o había algún misterio por resolver. Además, la familia tenía diversas mascotas que les encantaban a todos los amigos de los Hollister. Estaba Zip, un perro muy hermoso, y también Blanquita, una gata que tenía cinco hijitos. La mascota más grande de todas, sin embargo, vivía en el garaje: era Domingo, un burro a lomos del que los Hollister montaban a menudo.

Cuando terminaron de comer, Pete dijo:

—Si nos perdonáis, Dave y yo iremos a hacerle una visita al señor Kent.

—Antes de que os vayáis —lo interrumpió su padre—, quería pediros si esta tarde tú y Pam podríais trabajar para mí en La Comercial.

La Comercial era una combinación de ferretería, tienda de material deportivo y juguetería que el señor Hollister tenía en el centro de Shoreham. Como las demás tiendas, los jueves abría hasta tarde.

—¡Pues claro, con mucho gusto, papá! —exclamó Pam.

—¡Y conmigo también puedes contar! —respondió su hermano.

Dave le agradeció a la señora Hollister que le hubiera invitado a comer y se marchó con paso ligero detrás de Pete, que llevaba la caja blanca con ambas manos.

Al llegar a las oficinas del periódico, Pete y Dave llamaron a una puerta en la que se leía: «Sr. Kent».

—Adelante —gritó el jefe de redacción.

Los dos amigos entraron en el despacho, que estaba decorado con pájaros disecados y animalillos diversos. El señor Kent era también el responsable de la sección del periódico dedicada a la vida salvaje.

Detrás de una máquina de escribir había sentado un hombre bronceado que se volvió para saludar a los dos visitantes.

—¡Hola, chicos! —dijo—. ¡Pero bueno! ¿Qué tenéis aquí?

—Ha caído del cielo —explicó Pete, dejando la caja en las manos del redactor jefe.

—¡Vaya! —soltó el señor Kent—. ¡Esto estaba en un globo sonda! No había visto uno de estos desde que estaba en el servicio militar.

—¡Vaya! —exclamó Pete—. ¡Entonces debe usted de saber un montón al respecto!

—Un par de cositas —respondió el señor Kent con una amplia sonrisa—. Mirad, os lo enseñaré.

Tiró de uno de los laterales de la caja y el paquete se abrió con un chasquido. Dentro había cables y muelles de instrumentos delicadísimos.

—Esto registra la altitud, la presión del aire y la temperatura —les explicó el señor Kent—. Y esta radio de aquí transmite la información a tierra —añadió dándole un delicado golpecito con el dedo al tubo de la base de la caja—. Cuando el globo sonda se ha elevado varios centenares de metros, la presión del interior es superior a la del exterior, y acaba reventando.

—¿Y entonces es cuando se despliega el paracaídas? —preguntó Pete.

—Exacto, y la Oficina Meteorológica trata de recuperar tantos instrumentos como puede.

—¡Es genial! —dijo Dave.

El hombre hizo una pausa y miró a los dos muchachos directamente a los ojos.

—Creo que os voy a contar un secreto —les anunció.

—¿Qué es, señor Kent? —preguntó Pete, con impaciencia.

El redactor jefe preparó dos sillas para los muchachos y, cuando estuvieron todos sentados, continuó:

—Ayer por la noche ocurrió algo misterioso en el lago de los Pinos. Al parecer un ovni surcó el cielo. ¿Sabéis lo que es?

—Sí. Son las siglas de Objeto Volador No Identificado —respondió Pete con los ojos brillantes por la emoción.

—¿Qué aspecto tenía el ovni? —quiso saber Dave.

—Unas luces extrañas —empezó a explicar el señor Kent— bajaron sin rumbo del cielo, primero desprendiendo un brillo azul, luego verde y, finalmente, púrpura. Nadie sabe qué eran. Las últimas las vio un piloto llamado Jet Hawks.

—¡Uala! ¡Menudo misterio! —exclamó Pete—. ¡Cuánto me gustaría resolverlo!

—¿Qué os parecería colaborar conmigo como reporteros, y también como detectives? —les ofreció el redactor jefe.

—¡Eso sería genial! —opinó Dave—. Empezaremos ahora mismo.

—¿Podría darme la dirección de Jet Hawks? —preguntó Pete—. Me gustaría hacerle algunas preguntas.

El hombre le anotó en un papel el nombre y la dirección del piloto. Pete le echó un vistazo y dijo:

—Oh, debe de ser la familia que acaba de mudarse a la calle donde vive Joey Brill.

—Sí, acaban de llegar a Shoreham —confirmó el redactor jefe—. El señor Hawks pilota un avión a reacción para una compañía de seguros del pueblo.

—¡Me encantaría conocer a un piloto de verdad! —comentó Dave.

El señor Kent sonrió.

—Veamos qué podéis hacer con este encargo, chicos —dijo, estrechándoles la mano—. Y no os olvidéis de devolverle esa caja a la Oficina Meteorológica.

—¡Por supuesto que no! —prometió Pete al salir del despacho, impaciente por regresar a casa.

Cuando llegaron a su casa, Pete se detuvo en seco y se echó a reír.

—Dave, ¡mira a Ricky!

El pelirrojo de los hermanos Hollister estaba en el tejado del garaje, sosteniendo el paracaídas naranja. De los cordeles colgaba un pequeño soldadito de plomo.

—Ahí va —le gritó Ricky a Holly, que esperaba en el suelo.

El chico soltó el paracaídas en el aire. El paraguas de papel naranja se abrió y cayó suavemente hacia la niña de las trenzas. Pero, justo cuando aterrizaba en el suelo, Joey Brill apareció de un salto de detrás de unos arbustos y se lo llevó.

—¡Detente! —le gritó Holly mientras el chico se alejaba a la carrera—. ¡Devuélvenoslo!

CAPÍTULO 2

El huevo del trueno

JOEY ENROLLÓ EL PARACAÍDAS A TODA PRISA, SE LO METIÓ debajo de la camiseta y se montó de un salto en la bicicleta para desaparecer como un rayo. Pete y Dave no pudieron atraparlo.

—Ha sido una huida impecable —reconoció Pete, haciendo chascar los dedos, decepcionado.

Para entonces, Ricky ya se había bajado del tejado del garaje.

—¡El día que pille a ese Joey Brill se va a enterar! —soltó el muchacho, mientras la barbilla le temblaba de rabia.

—No te preocupes por eso —lo tranquilizó Pam, pasándole el brazo por encima de los hombros—. Tal vez acabes teniendo otro paracaídas.

—Pero ese era genial. ¡Era uno de los paracaídas oficiales de la Oficina Meteorológica!

Ricky se metió las manos en los bolsillos y se encaminó a grandes zancadas hacia el muelle que la familia Hollister tenía a la orilla del río.

—Me gustaría hacer algo por él —suspiró Pam—. Me pregunto si...

—¿Qué? —quiso saber Pete.

—Nada, es solo una idea... Cosas de chicas. Ven conmigo, Holly —le dijo a su hermana, y las dos se fueron brincando hacia la casa.

Pete se volvió hacia Dave.

—¿Y si vamos a hacerle ahora una visita a Jet Hawks? —le propuso.

Dave estuvo de acuerdo, y los dos muchachos salieron del jardín a toda prisa.

Un momento después, ya estaban en el porche de una casa blanca con la puerta roja. Dave llamó al timbre y una mujer alta y agradable les abrió.

Pete preguntó por el piloto.

—Lo siento —se disculpó la señora Hawks—, pero mi marido no regresará a casa hasta pasado mañana.

Los muchachos le dieron las gracias y se marcharon, decepcionados. Se pasaron el resto de la tarde buscando a Joey Brill, pero tampoco tuvieron suerte.

Esa noche, en cuanto terminaron de cenar, el señor Hollister se levantó de la mesa y preguntó:

—¿Están listos mis dependientes?

Pete y Pam le respondieron que sí. Después de subir al coche, su padre los acompañó a La Comercial.

Cuando entraron en la moderna y flamante tienda del señor Hollister, Indy Roades salió de detrás de uno de los mostradores y los saludó.

—¡Hola, Indy! —exclamó Pam.

—¿Cómo va el negocio? —le preguntó Pete.

—Muy bien —respondió el hombrecillo de cabello negro, con una afable sonrisa; al sonreír se le dibujaron un montón de arruguitas alrededor de los ojos.

Indy era un auténtico indio que, antes de mudarse a Shoreham, había vivido en Nuevo México. Ahora era el primer ayudante en la tienda del señor Hollister.

—¿Dónde nos ponemos? —quiso saber Pete.

—Donde el material de jardinería —dijo Indy—. Últimamente se está vendiendo mucho.

Pete y Pam caminaron a lo largo de una mesa interminable repleta de herramientas de jardinería, abonos, paquetes de semillas y bolsitas de plástico que contenían piedrecitas de colores.

—¿Qué es eso? —preguntó Pam, cogiendo una de las bolsitas.

—Piedras pulidas —le aclaró Indy—. La gente las usa para decorar las jardineras de las ventanas.

No tardaron en entrar clientes en la tienda, y muchos se detuvieron en el departamento del que se encargaban Pete y Pam. Una mujer joven que llevaba a una niña en brazos cogió una de las bolsitas de piedras.

—¡Oh, qué curiosas! —exclamó—. Me llevaré una de estas.

Pero, justo cuando iba a dársela a Pam, la niña la arrojó al suelo. La bolsa se rompió y todas las piedrecitas se desparramaron por el suelo.

—Oh, vaya, ¡cuánto lo siento! —se lamentó la mujer.

—No se preocupe, yo me encargo —la tranquilizó Pete con una sonrisa—. Mi hermana le dará otra bolsita.

Pete se puso a gatas, dispuesto a recoger las piedras. Al cabo de un rato, cuando la clienta ya había salido de la tienda, el muchacho se levantó, con las manos llenas de guijarros brillantes.

—Aquí hay una muy bonita —comentó Pam mientras sostenía la piedrecita entre los dedos.

Era blanca y estaba cubierta de rayitas doradas.

—¡Vaya! ¡Parece oro! —exclamó Pete—. Me pregunto de dónde la habrá sacado papá.

Los niños le hicieron señas a su padre para que se acercara y, cuando el hombre acudió, les respondió a su pregunta:

—Debo confesaros que no sé qué tipo de piedra es. Esos guijarros se los compré a un hombre mayor que vive en el pueblo... Se llama señor Kinder y se dedica a coleccionar minerales; es su hobby.

—Podemos ir a verlo mañana —sugirió Pam—. Quizás esta piedra sea valiosa y la haya metido en una de estas bolsitas por error.

—Vale —accedió Pete—. Y, por el camino, podemos enviar los instrumentos que había dentro de la caja del globo sonda.

A la mañana siguiente, Pete y Pam se levantaron temprano, envolvieron la caja del paracaídas y su contenido y se fueron en bicicleta hasta correos. Allí, el empleado les contó que no tenían que pagar nada por devolver una propiedad del Gobierno.

El señor Kinder vivía a solo unas pocas manzanas de allí, en el primer piso de un edificio de dos plantas. Después de leer su nombre encima del timbre, llamaron a la puerta. Un tintineo musical sonó en el oscuro interior de la casa y, al cabo de un instante, un hombre menudo de cabello canoso apareció tras la puerta de mosquitera. Llevaba unas gafas de montura dorada y tenía un bigote de pelos gruesos y blancos que a Pam le hizo pensar en el cepillo que su madre empleaba para limpiar las patatas. El hombrecillo tenía una expresión seria en el rostro y hablaba sin despegar los labios, como si estuviera comiendo algo.

—¿Sí? —les preguntó a los niños, contemplándolos por encima de las gafas—. ¿Es que queréis venderme algo?

Pete se rio por lo bajo, negando con la cabeza, y enseguida se ocupó de hacer las presentaciones.

—Oh, sois los hijos del señor Hollister. Pasad, pasad —los invitó el hombre, abriendo la puerta de mosquitera de par en par—. ¿Venís a encargarme más piedras?

—Más bien queríamos hacerle una pregunta —le aclaró Pete echándole un vistazo al salón.

Había varias sillas y un viejo televisor, y, de una pared, colgaban un montón de expositores con frente de cristal que contenían extraños pedazos de rocas de colores. Encima de uno de esos expositores reposaba el gato más grande que Pam y Pete habían visto jamás. Era amarillo, y tenía la cabeza enorme y un par de orejas muy puntiagudas. El animal balanceaba la cola interminable de un lado a otro sin apartar ni un momento los ojos de los Hollister.

—Oh, no os asustéis —dijo el señor Kinder al darse cuenta de la mirada inquieta de Pam—. Es Casey. El gato más fornido del pueblo.

Casey se plantó en el suelo de un salto, avanzó unos pasos con parsimonia y restregó su largo cuerpo contra la pierna de Pete mientras soltaba el ronroneo más sonoro que los niños habían oído jamás.

—¡Vaya! ¡Menudo elemento! —exclamó Pete.

—Un oponente temible para la mayoría de los perros —respondió el señor Kinder. Y añadió—: Cuando me voy de viaje, el viejo Casey siempre me acompaña. Es mi compinche.

El señor Kinder movió los labios, como si masticara algo, y se le erizó el bigote.

—Veamos —dijo entonces—, ¿qué es lo que queríais preguntarme?

Pete le mostró la piedra y le explicó que la habían encontrado en una de las bolsitas de plástico que se vendían en la tienda de su padre.

—¿Podría usted decirnos de qué piedra se trata? —le preguntó al señor Kinder.

—Oh, es titanio —respondió el hombre, haciéndola saltar ligeramente en su mano callosa—. Y... ¿A ver...? Creo que la recogí en el oeste. Estoy casi seguro de que no procede de mi cantera.

—¿De su cantera? —repitió Pam abriendo los ojos como platos—. ¿Es que tiene usted una cantera, señor Kinder?

—¡Oh, sí! —respondió—. Se llama el Castillo de Roca. ¿Nunca habéis oído hablar de ella?

—No —repuso Pete—. ¿Dónde está?

El señor Kinder les dijo que su cantera estaba en la otra orilla del lago de los Pinos.

—Era de mi padre —continuó explicando— y me la dejó en herencia. Pero la he arreglado mucho. Ahora incluso hay un embalse con un montón de peces. Lo construí yo mismo. La gente va allí de picnic, y también a pescar, aunque no muy a menudo. Es difícil llegar.

—¿Podríamos ir algún día a visitarla? —preguntó Pam.

—Cuando queráis —respondió el hombrecillo—. ¿Sois de los que os gusta coleccionar guijarros?

Pam le sonrió y le dijo:

—Sí, ya sé que, con el tiempo, los niños que coleccionan guijarros acaban convirtiéndose en coleccionistas de minerales, pero la verdad es que nosotros aún no hemos probado este hobby.

—¡Pues la tierra está llena de tesoros, chicos! —exclamó el señor Kinder señalando los expositores que tenía colgados en la pared.

De un extremo a otro de la pared se mostraban enormes y puntiagudos pedazos de cristal amarillo, piedras azuladas, pulidas y suaves, trozos de roca morados y brillantes, relucientes cubos plateados, finas láminas de colores y un sinfín de extrañas piedras de colores.

—La amarilla es azufre, la azul es cobre, la morada es amatista, ese metal plateado es pirita y esas tan delgadas son mica —soltó de corrido el señor Kinder con una sonrisa en los labios—. ¡Sí, señor! ¡La tierra está llena de minerales de valor inestimable! ¡No se acaba todo con la plata o el oro!

Y al cabo de un instante, mientras sostenía la piedra en alto y la examinaba de cerca, añadió con brío:

—Y ahora volvamos a vuestra piedra. Seguro que pensabais que estas vetas doradas eran oro y que ibais a haceros ricos.

Pete no pudo reprimir una sonrisa de bochorno cuando admitió que el señor Kinder estaba en lo cierto.

—Vaya —se lamentó Pam—, entonces esta piedra tan bonita no sirve para nada...

—¡Oh, sí! ¡Claro que sí! —exclamó el señor Kinder mientras Casey, el gato, pegaba un salto y se acomodaba en su hombro izquierdo—. El titanio es muy valioso: sirve para fabricar pintura y lo utilizan los que hacen publicidad aérea.

—¿Para escribir en el cielo? —preguntó Pete.

—Sí, podríamos decirlo así —respondió el señor Kinder con una sonrisa—. Lo emplean para fabricar ese humo blanquecino —explicó.

Casey se plantó de nuevo en el suelo soltando un sonoro «miau», abrió la puerta con la pata y salió afuera.

—Tal vez no le gusten mis bromas —dijo Pete con ironía.

—Por favor, cuéntenos más cosas de su cantera —le pidió Pam.

El señor Kinder les explicó que sobre todo había basalto.

—Es lo que se emplea para construir carreteras —dijo—. Pero el Castillo de Roca se formó hace mucho tiempo. Recientemente me han hecho una oferta para que la venda... A un precio muy bajo.

—¿Va usted a vendérsela? —preguntó Pete.

—No, aún no —fue la respuesta—. El viejo Castillo de Roca es como mi segundo hogar. —Y, con un movimiento rápido de la cabeza, añadió—: ¿Os gustaría ver un huevo del trueno?

—¿Un huevo del qué? —repitió Pete, muy sorprendido.

—Un huevo del trueno. Es el nombre indio. Venid a verlo.

El señor Kinder se acercó a uno de los expositores, retiró el cristal que lo cerraba y sacó una pequeña piedra ovalada gris y rugosa.

—La verdad es que se parece mucho a un huevo —opinó Pam.

—Pero, en lugar de un pollito —dijo el señor Kinder—, lleva dentro una bonita sorpresa.

—¿Cómo podemos abrirlo? —preguntó Pam.

—Yo os lo cortaré —dijo el señor Kinder mientras desaparecía en la habitación de al lado.

Al cabo de un instante, lo vieron regresar con una sierra pequeña en la mano. El hombre cortó la piedra y, cuando las dos mitades cayeron a ambos lados, los niños se quedaron maravillados. Ese pedazo de roca ocultaba hermosos remolinos y vetas de colores en el interior.

—¡Vaya! ¡Parece un paisaje! —exclamó Pam—. Se ven las olas rompiendo en la costa, y acantilados de piedra y el cielo...

Pete cogió la otra mitad.

—Y no hace falta tener mucha imaginación para ver aquí una sierra de montañas.

—¿Dónde la encontró? —preguntó Pam, con curiosidad.

—En el estado de Washington, en una de mis expediciones. Lo que veis dentro se llama ágata —les aclaró—. Tomad, ¿os gustaría quedárosla?

—¡Oh, sí! ¡Muchas gracias! —respondió Pam, entusiasmada, mientras unía las dos partes del huevo—. A nuestros hermanos les encantará.

Pete vio que el señor Kinder le echaba un vistazo al reloj y se dio cuenta de que el hombre quería que se marcharan ya.

—Bueno, gracias por todo, señor Kinder —dijo el muchacho.

—Me gustaría enseñaros muchas más cosas —respondió este—, pero he quedado con un amigo y debería irme ya.

Justo entonces, Casey asomó la cabeza desde la otra habitación.

—¡Oh, ese gato mío! —Suspiró el señor Kinder—. Sale fuera por la puerta principal y vuelve a entrar por la de atrás. Vamos, Casey, quédate en el jardín hasta que vuelva y trata de cazar algún ratoncito.

El imponente gato amarillo empujó obediente la mosquitera y se marchó. Pete y Pam le dieron de nuevo las gracias al señor Kinder y se despidieron de él.

Después de montarse en las bicicletas, pedalearon tan deprisa como pudieron camino de casa. Al llegar, se encontraron a sus hermanos y a su madre en el jardín, y Pete les enseñó el huevo de trueno.

La pequeña Sue separó las dos mitades, entusiasmada, y contempló los paisajes maravillosos que se escondían en el interior.

—¿Los huevos del trueno tienen pollitos relámpagos? —preguntó, y todos se rieron.

Luego Pete les habló de la cantera del Castillo de Roca y la señora Hollister dijo que había oído hablar de ella.

—Me gustaría poder ir a verla algún día —dijo Pam.

—Tal vez podáis hacerlo —respondió su madre—, y

más pronto de lo que creéis. Papá me dijo que esta misma tarde Indy tenía que hacer una entrega en esa zona. Tal vez pueda llevaros.

A Pete, Pam, Ricky y Holly les entusiasmó la idea. ¡Iban a poner los pies en una vieja cantera! Poco después de comer, Indy detuvo la camioneta del señor Hollister delante de la casa. Tenía que entregar unos botes de pintura a varios kilómetros de la cantera del Castillo de Roca.

—Los dejaré allí, señora Hollister —dijo Indy—, y los recogeré cuando vuelva.

Ricky y Holly se sentaron delante, y Pete y Pam se sentaron sobre los botes de pintura que había en la parte de detrás de la camioneta. Tardaron casi una hora en bordear la orilla sur del lago de los Pinos y rodear la colina que se elevaba justo detrás. Al final, llegaron a un caminito en el que en un cartel descolorido se leía: «Cantera del Castillo de Roca».

—¡Es por aquí! —gritó Pete, entusiasmado.

Indy hizo girar el volante y avanzó por ese camino sinuoso sembrado de surcos.

—¡Madre mía! ¡Menudo traqueteo! —exclamó Pete. Tanto él como su hermana rebotaban encima de las latas de pintura, y las palabras les salían de la boca a sacudidas.

—Ahora entiendo... por qué... la gente... no viene muy... a menudo —opinó Pam.

Cuando habían recorrido casi un kilómetro y medio, el camino dio un giro y se terminó de repente. Ante ellos, se abría una enorme brecha en la roca, que daba paso a una enorme hondonada. La camioneta se detuvo allí y los niños se apearon, seguidos de Indy.

—¡Uau! —soltó Ricky, asombrado—. ¡Deben de haber extraído un montón de piedra de aquí!

Los Hollister avanzaron hacia la gran brecha y contemplaron la cantera en silencio.

Las paredes pedregosas se elevaban formando un semicírculo gigantesco coronado por una hilera de árboles de color verde esmeralda. Ese acantilado curvo caía unos treinta metros hasta alcanzar el suelo. La pared de enfrente formaba un precipicio, pero la parte derecha de la cantera descendía gradualmente desde la cima.

En el lado izquierdo había un embalse de aguas verdosas y brillantes que casi se extendía hasta la base del pronunciado precipicio de piedra.

—¡Oh, ahí está el Castillo de Roca! —gritó Pam de repente señalando con el dedo el borde de la cantera, justo por encima del embalse.

Recortada contra el azul del cielo había una formación rocosa fantástica. Parecía que hubiera una muralla y dos torreones con varias ventanas.

—¡Es como un castillo! —exclamó Holly—. ¡Oh, subamos a jugar allí!

—No —les dijo Indy enseguida—. Es demasiado peligroso. Podríais caeros.

—Siempre vamos con cuidado —le aseguró Ricky.

—No —repitió su amigo con firmeza—. Estaré de vuelta dentro de una hora y quiero encontraros a todos esperándome aquí... de una pieza —añadió, mirando a Ricky directamente a los ojos.

En cuanto los niños se lo prometieron, Indy se marchó.

—¡Vaya! —suspiró Pete—. ¡Este lugar da escalofríos!

Los niños avanzaron poco a poco hacia la cantera cogidos de la mano. Cuando habían caminado unos treinta metros, distinguieron una vieja construcción de madera medio derruida, a lo lejos, a mano derecha.

—Ahí debían de cortar la piedra —dedujo Pete.

—¡Echémosle un vistazo! —propuso Ricky echando a correr.

Los demás lo siguieron y, al cabo de rato, lo vieron desaparecer detrás de la estructura. En cuanto estuvieron más cerca, se dieron cuenta de que la vieja construcción tenía un tono grisáceo y un aspecto peligroso. Al romper por una de las esquinas, encontraron una puerta colgando de una sola bisagra. Ricky estaba de pie en el umbral, curioseando. Después de estar al sol, resultaba difícil distinguir nada en el interior.

De pronto, los muchachos pegaron un brinco, sobresaltados. Una voz profunda había roto el silencio.

—¿Qué estáis haciendo aquí? —les había preguntado un hombre, plantado justo detrás de ellos.

CAPÍTULO 3

Un aviso curioso

Al volverse, los niños vieron a dos hombres plantados a sus espaldas.

—¡Vaya! —exclamó Pete—. Menudo susto nos habéis dado. ¿De dónde habéis salido?

—Eso no importa. La cuestión es adónde vais vosotros —les dijo uno de los hombres.

Era un tipo fornido, con bastante barriga y los brazos cortos y musculados. Era rubio y tenía unos ojos pequeños de párpados algo caídos y una nariz grandota.

Su compañero era un tipo bajito con una calva incipiente. La cara le quedaba prácticamente oculta tras unas enormes gafas de montura negra. El hombre iba cargado con una mochila y sostenía un martillo ligero con la mano derecha.

—Solo estábamos echando un vistazo —contó Pete, y a continuación les explicó quiénes eran.

El hombre corpulento les dijo que se llamaba Sid Raff. Al parecer, en el embalse tenía unos cuantos botes que alquilaba a los pescadores. Su compañero se presentó como Wallace P. Ralston.

—Soy geólogo —explicó fríamente.

—¡Oh! —intervino Pam—. Entonces debe de saberlo todo acerca de las piedras, ¿verdad?

—Hombre, me considero un experto —respondió sin siquiera esbozar una sonrisa.

—¿Podría usted echarle un vistazo a esta, por favor? —le pidió Pete, sacándose el pedacito de titanio del bolsillo—. Creemos que puede haber más en la cantera.

Ralston examinó detenidamente la piedra desde detrás de sus enormes gafas.

—Nunca he visto ninguna como esta por aquí.

—Entonces tal vez el señor Kinder la encontrara en el oeste —supuso Pete.

—¿Conocéis al señor Kinder? —preguntó Raff, ladeando la cabeza—. Es un buen tipo. Está bien, podéis pasearos por la cantera, pero nada de travesuras.

—No se preocupe —prometió Ricky.

Los dos hombres se alejaron unos pasos, pero enseguida se volvieron de nuevo.

—Os aconsejaría que no os acercaseis demasiado al embalse —les advirtió Raff.

—¡Oh, todos sabemos nadar! —saltó Holly—. Pero no nos bañaremos. No hemos traído los trajes de baño.

Raff soltó una risita que le sacudió los robustos hombros y dijo:

—No os atreveríais a meter ni un dedo en esa agua.

—¿Por qué? —preguntó Holly—. ¿Nos morderían los peces?

—Peor que eso —añadió Ralston. Y, extendiendo el martillo hacia el estanque, prosiguió—: Algunos pescadores han dicho que habían visto a un monstruo ahí dentro.

—Eso no es ningún problema para nosotros —se apresuró a decir Pete con una risa franca—, porque no creemos en los monstruos.

Al oír estas palabras, Sid Raff frunció el ceño y dijo:

—No tiene gracia. ¡Yo mismo he visto a ese monstruo!

Y, dicho esto, los dos hombres se encaminaron a grandes zancadas hacia el embalse, en cuya orilla había dos botes sujetos a una estaca.

—¿A qué habrá venido eso? —le susurró Pete a Pam mientras los cuatro hermanos caminaban por el suelo de grava de la cantera hacia el acantilado.

—Supongo que trataban de asustarnos para que no nos acercáramos al embalse —respondió Pam.

—Deben de tener alguna razón para hacerlo —reflexionó Pete—. Ricky, Holly, mantened los ojos bien abiertos por si veis algún pedacito de titanio.

Ricky dejó caer la nariz, como si fuera un sabueso siguiendo un rastro, y avanzó zigzagueando de un lado a otro, en busca de alguna roca con vetas doradas. Al cabo de un rato, se quedó rezagado.

Pete, Pam y Holly se paseaban tranquilamente por la cantera, deteniéndose de vez en cuando para contemplar el borde del precipicio, reseguido de árboles.

—El Castillo de Roca es muy hermoso —opinó Pam y, señalando hacia la derecha, añadió—: Mirad, hay un sendero que lleva hacia la cima.

—La próxima vez que vengamos podríamos subir por ahí —dijo Pete, con entusiasmo.

Los tres hermanos se quedaron un buen rato contemplando los torreones de roca a los que les habían prohibido subir.

—A ver si lo hacemos —repuso Pam, impaciente.

Cuando los niños se volvieron, Holly preguntó de pronto:

—¿Dónde está Ricky?

Todos buscaron por la enorme cantera con la mirada, pero las únicas personas a las que vieron fueron Raff y Ralston, sentados en uno de los botes. No se veía a Ricky por ninguna parte.

Pete se llevó las manos a ambos lados de la boca, a modo de altavoz, y gritó con todas sus fuerzas. Las paredes de la cantera devolvieron el eco del sonido de su voz, pero su llamada no obtuvo respuesta.

—Quizás haya vuelto a esa construcción destartalada —sugirió su hermano mayor—. Ya sabéis lo mucho que le gusta eso de hacer de explorador.

Apenas el muchacho acabó de decir estas palabras, oyeron un golpe procedente de la vieja estructura de madera y, al cabo de unos segundos, una fina columna de polvo blanco se elevó sinuosamente hacia el cielo desde el tejado desvencijado.

Pete y Pam corrieron hacia allí como un par de antílopes, mientras Holly les pisaba los talones, con sus dos trenzas al vuelo. Al llegar a la puerta de la vieja construcción, los niños empezaron a toser, ahogados por el polvo en suspensión.

—¡Ricky, Ricky! ¿Estás bien? —gritó Pam.

Pete fue el primero en entrar en el interior sombrío de esa estructura. Un rayo de sol se filtraba por un ventanuco situado en la parte superior e iluminaba la pared opuesta.

Y ahí estaba Ricky, plantado en una estrecha pasarela. La escalera de madera que había usado para encaramarse en esa precaria plataforma se había venido abajo y el muchacho, cubierto de polvo blanco, se había quedado ahí atrapado. Por fortuna, no parecía herido.

—¡No sé cómo bajar! —les gritó desde arriba, echándose a toser.

—No te muevas —le ordenó su hermano—. ¡Iremos a buscar ayuda!

Y salió como una flecha por la puerta. Enseguida se tropezó con Raff y Ralston, que se acercaban allí a toda prisa.

—Pero bueno, ¿se puede saber qué ha pasado? —quiso saber Raff—. ¿Acaso no os he dicho que no os metierais en líos?

—Lo sentimos mucho —se disculpó Pete.

—Este lugar es muy peligroso —advirtió Raff.

—¿Podrían ayudarnos a bajar a nuestro hermano de ahí? —les preguntó Pam, angustiada.

Sin decir una palabra, Ralston abrió la mochila y sacó una cuerda larga y delgada del interior. Después de sujetarla con una mano, la arrojó con fuerza hacia Ricky. A pesar de que el primer intento falló, en el segundo lanzamiento el muchacho pelirrojo consiguió agarrar el extremo de la cuerda.

—Y ahora átala bien a la pasarela —le ordenó Ralston— y déjate caer.

Ricky le hizo un buen nudo a la cuerda y, a continuación, la agarró con ambas manos, la rodeó con las piernas y se fue deslizando hasta llegar al suelo.

—¡Uau! —exclamó—. ¡Gracias por salvarme!

—De nada —respondió Sid Raff con una sonrisa forzada. Luego su rostro volvió a ser tan inexpresivo como antes—. ¡Y ahora largaos de esta cantera y no volváis más!

—Pero el señor Kinder nos dijo... —empezó a argüir Ricky.

—¡Pienso contarle todo lo ocurrido! —tronó Raff—. Y ahora, ¡fuera!

—Ricky, ¡mira lo que has conseguido! —suspiró Holly—. Lo has estropeado todo.

—No sabía que esa vieja escalera se vendría abajo

—protestó Ricky, mientras los cuatro hermanos salían afuera.

—Bueno, ahora ya estás a salvo —observó Pam—. Además, Indy ya debe de estar a punto de venir a recogernos.

Cuando llegaron a la entrada de la cantera se detuvieron un instante para contemplar el Castillo de Roca de nuevo.

—Me encantaría poder investigar este lugar —suspiró Pete.

Cuando los Hollister no habían dado más que unos pasos, vieron llegar a Indy en la camioneta.

—¿Habéis dado con lo que buscabais? —les preguntó cuando los niños se le acercaron.

—Hemos estado buscando a Ricky y al final lo hemos encontrado —le respondió Pete y, de camino a casa, los muchachos le contaron a Indy toda la aventura.

—Sí, tenéis razón. Todo esto es muy intrigante —le dijo a Pam—. Creo que habéis tropezado con otro misterio.

Los Hollister se pasaron el resto del día hablando de la enigmática cantera, y Ricky dijo, melancólico, que sería un lugar fantástico para dejar caer un paracaídas... si tuviera uno.

Al oír el comentario de su hermano, Pete no pudo evitar pensar en el ovni. Pensaba localizar esas luces de colores cuanto antes. Sin embargo, esa noche, después de cenar, unas nubes espesas se posaron sobre el lago.

De repente, una ráfaga de viento abrió la mosquitera de la entrada de par en par y otras puertas de la casa se cerraron ruidosamente.

—¡Fijaos qué negro se ha puesto el cielo! —exclamó Ricky.

Vieron caer varios rayos, oyeron retumbar los truenos y, al cabo de un momento, descargó un aguacero.

—Tal vez escampe pronto —suspiró Pete, pero cuando llegó la hora de acostarse, la lluvia seguía cayendo con fuerza.

Antes de meterse en la cama, el mayor de los Hollister puso el despertador a las cinco. Cuando sonó, el chico se levantó de un salto. Había dejado de llover.

Después de vestirse en silencio, Pete cogió una manta-poncho y bajó las escaleras de puntillas. Zip dormía en la cocina.

—Chist, no hagas ruido —le susurró cuando el hermoso perro gimió—. No vayas a despertar a nadie. Soy la patrulla de la madrugada.

Zip acompañó a su joven dueño y, una vez fuera, Pete extendió la manta sobre el césped húmedo. Aún era de noche, pero una fina línea plateada empezaba a iluminar el horizonte por el este. El chico se echó sobre la manta, Zip se acurrucó junto a él hecho un ovillo y los dos se pusieron a contemplar el oscuro firmamento.

—Si esas luces de colores están surcando el cielo, desde aquí las veré —se dijo.

Pero durante la hora siguiente ningún objeto volador no identificado sobrevoló Shoreham.

A la hora del desayuno, en la mesa, Pete les dijo a sus hermanos:

—Este amanecer no ha aparecido ningún ovni. He estado observando el cielo desde las cinco hasta la salida del sol.

—¿Por qué no me has avisado para que te ayudara? —le preguntó Ricky—. Soy el mejor encontrando luces de colores en el cielo.

Pete sonrió.

—Si quieres, puedes ayudarme esta mañana. Voy al aeropuerto a hablar con Jet Hawks. Me gustaría hacerle algunas preguntas acerca de las luces que vio.

—¿Ellas también vendrán? —preguntó Ricky mirando a Holly de reojo.

La niña de las trenzas volvió la cabeza hacia un lado, dejó la cuchara cargada de cereales en el borde del plato y, con aire de superioridad, respondió:

—No. Tenemos otros planes.

Ricky se quedó a cuadros.

—¿Acaso es un secreto? —le preguntó.

—Sí —respondió Sue muy escueta.

Ricky se rascó la cabeza y levantó las cejas.

—No hay quién las entienda —le dijo a Pete—. Bueno, vayamos a buscar las bicis. Nosotros tenemos una reunión secreta con un piloto de avión.

El aeropuerto de Shoreham estaba a varios kilómetros del pueblo y, en los últimos años, había crecido lo bastante como para que aterrizaran en él pequeños aviones a reacción. Ese día, sin embargo, mientras pedaleaban hacia el gran edificio del campo de aviación, no vieron ninguno.

Justo cuando los dos muchachos aparcaban las bicicletas, un avión de transporte despegó. El único aeroplano que estaba en el aire era un antiguo biplano de cabina abierta que se iba elevando en círculos.

—¡Es una auténtica pieza de museo! —comentó Pete deteniéndose para observarlo—. He visto fotos de aviones como ese en los libros.

Una en dentro del edificio, Pete preguntó por Jet Hawks en el mostrador de información. El encargado les informó de que el piloto acababa de despegar.

—¡Oh! En ese avión de carga, ¿a que sí? —dijo Ricky.

El hombre le sonrió y le respondió:

—No. Hoy Jet vuela en el biplano. Es su hobby, ¿sabes? Reparar viejos aviones y pilotarlos.

—¡Vaya, eso es genial! —exclamó Ricky—. ¿Cree que regresará pronto?

El hombre calculó que el piloto estaría en el aire más o menos media hora. Ricky y Pete salieron afuera y levantaron la mirada hacia el cielo, donde el pequeño biplano hacía una difícil acrobacia.

—¡Uau! —exclamó Pete—. ¡Jet Hawks es un acróbata aéreo!

Estirando el cuello, los dos hermanos contemplaron

el aeroplano describir rizos y más rizos. Luego se dejó caer en picado y se hundió en una espesa nube blanca describiendo un espiral.

—¡Me encantaría saber hacer acrobacias como esas! —suspiró Ricky con admiración.

Cuando el aeroplano empezó a perder altura, los dos muchachos esperaron a que elevara el morro para hacer otro rizo, pero, en lugar de eso, la aeronave siguió acercándose peligrosamente al suelo, girando sobre sí misma.

Ricky agarró entonces a su hermano del brazo y gritó:

—¡Eh! ¡Se va a estrellar!

CAPÍTULO 4

Un aeroplano a la fuga

RICKY Y PETE CONTEMPLABAN LA CAÍDA EN PICADO DEL BIplano sin apenas atreverse a respirar. Parecía que iba a estrellarse contra el suelo. Sin embargo, de repente, el morro del avión se elevó ligeramente. El aeroplano se balanceó entonces con gracia y, después de describir un círculo casi pegado al suelo, aterrizó y se detuvo cerca de uno de los hangares.

Cuando la única hélice dejó de girar, un hombre muy alto salió de la cabina descubierta del piloto. Mientras cruzaban el campo a la carrera, Pete y Ricky lo vieron recoger dos bloques de madera que había en el suelo, junto al hangar, y colocarlos justo delante de las ruedas; alcanzaron al aviador cuando el hombre estaba atando la cola del avión a una estaca que se hundía en el suelo.

Al ver a ese par de chicos mirándolo con ojos como platos, les sonrió y les dijo amablemente:

—Creíais que tenía problemas, ¿a que sí?

—Lo ha adivinado —confirmó Pete—. ¡Madre mía! ¡A eso lo llamo yo volar!

—¿Es usted Jet Hawks? —preguntó Ricky.

—Pues sí. Decidme, ¿sois los dos muchachos que vinisteis a casa preguntando por mí? —quiso saber el piloto.

—Bueno, en realidad estuve allí con un amigo mío, Dave —respondió Pete.

Y, después de presentarse, los dos hermanos le estrecharon la mano al aviador.

—Mi esposa me dijo que habíais preguntado por mí —les informó Jet—. ¿Qué puedo hacer por vosotros?

—El señor Kent nos contó que había usted visto un ovni —le explicó Pete—. Nos interesan mucho los misterios y nos gustaría saber más acerca de esas extrañas luces.

—El martes pasado, poco antes de que amaneciera, despegué para emprender el vuelo hacia Chicago —dijo el hombre—. Cuando ya estaba en el aire, vi esas curiosas luces de colores por encima de la punta del ala derecha. Me pareció que estaban descendiendo, pero la verdad es que iba muy deprisa y las perdí de vista enseguida. Luego avisé por radio a la torre de control, pero ellos no vieron nada.

Pete le preguntó por la localización del objeto volante y se quedó enormemente sorprendido al saber que el piloto lo había visto justo cuando sobrevolaba la orilla del lago de los Pinos, muy cerca de la casa de los Hollister.

—Esas luces ¿eran horizontales o verticales? —preguntó Pete.

—Estaban una debajo de la otra —respondió Jet.

—Cosa que podría significar —razonó el muchacho— que colgaban del extremo de un paracaídas.

—Tal vez —respondió el piloto—. Pero también es posible que estuvieran en un aeroplano que volara hacia tierra.

—¿Eran fijas o parpadeaban? —quiso saber Ricky.

—Parpadeaban... una y otra vez —respondió Jet Hawks. Luego, pasándoles el brazo por encima del hombro, exclamó entre risas—: ¡Vaya, ya veo que sois unos auténticos detectives! ¿Siempre jugáis a cosas así?

—Nos gusta resolver misterios, señor Hawks —respondió Pete.

—Llamadme simplemente Jet —les pidió el piloto—. Todo el mundo lo hace en este mundillo y, ahora que estáis investigando el misterio del ovni, habéis pasado a formar parte de él.

—De acuerdo, Jet —aceptó Ricky, dándose aires—. Chócala.

El muchacho extendió su mano derecha y el piloto se la estrechó amistosamente, mientras se fijaba en Pete. El chico contemplaba el biplano, admirado.

—Decidme, ¿os gustaría dar una vuelta? —les preguntó.

—¡Por supuesto! —exclamaron los dos hermanos.

—Entonces acompañadme.

Mientras se acercaban a la parte de delante del pequeño aeroplano, Pete preguntó:

—¿Por qué le gustan tanto los aviones antiguos?

—Porque pilotarlos es muy divertido —explicó el piloto—. Sientes el viento en el rostro. Además, me encanta hacer piruetas en el aire.

—¿Podemos hacer también nosotros? —preguntó Ricky, radiante.

—Me temo que no, pero sí contemplaremos el paisaje desde el cielo.

Y, dándole una palmada al aeroplano, Jet añadió:

—Se llama Trepidante Jenny y se construyó en 1930.

—¡Uau! —soltó Ricky—. ¡Hace un montón de años!

—Sí, el avión es antiguo, pero está en perfectas condiciones para volar. Vamos —dijo Jet, rodeando el flamante aeroplano.

Pete se fijó en que tenía dos cabinas abiertas, una justo debajo del ala superior y la otra, algo más atrás.

—Vosotros iréis delante —les indicó Jet—. Esa cabina es lo bastante grande como para que quepan dos personas. El avión tiene dos controles, así que podré pilotar desde la de detrás.

—¡Vaya! ¡Me encantaría poder llevar un aeroplano como este algún día! —suspiró Pete.

—Quién sabe... Puede que lo hagas —respondió

Jet—. Vamos, apoyad bien el pie en el ala y subíos al asiento de delante.

—¡Esto es genial! —exclamó Pete, haciendo lo que le había dicho el piloto.

Ricky lo imitó. Los dos hermanos pasaron las piernas por encima del borde de la cabina y se sentaron en un hondo asiento de piel, justo delante de un panel de controles. Entre el asiento y el panel había un palo, parecido al de una escoba, que asomaba de la base del aeroplano.

—Había oído que había una palanca —dijo Pete levantando la cabeza hacia Jet, que estaba de pie encima del ala—, pero nunca había pensado que fuera un palo.

Jet esbozó una sonrisa y, a continuación, adoptó una expresión grave y les ofreció:

—Podéis ayudarme a poner en marcha el avión, pero tenéis que hacer exactamente lo que os diga e ir con mucho cuidado.

—Lo haremos —prometió Pete.

—Este interruptor —les dijo señalándolo— es el magneto. Ahora está desconectado y debe quedarse así mientras yo le dé un par de giros de prueba a la hélice. Luego, cuando yo os lo diga, presionáis el botón y yo impulsaré la hélice con fuerza.

A continuación el piloto tiró el palo hacia atrás todo lo que pudo y lo aseguró con la ayuda de uno de los dos cinturones de seguridad.

—Bien. Y ahora escúchame con mucha atención,

Pete —dijo—. En cuanto le haya dado a la hélice para que se ponga en marcha el motor, quiero que aprietes un poco el acelerador, como un centímetro. —Jet le enseñó a Pete exactamente lo que debía hacer—. Así el motor funcionará a poca velocidad. Luego desataré la cola, retiraré las cuñas de las ruedas y, en cuanto me haya subido a bordo, ya estaremos listos para emprender el vuelo.

Cuando los dos muchachos vieron que el piloto se plantaba delante del aeroplano y agarraba el extremo de la hélice con ambos brazos, sintieron que un hormigueo de emoción los recorría de arriba abajo. Jet la hizo girar una vez, y luego una segunda.

—Muy bien, Pete —gritó—. ¡Dale al acelerador!

El muchacho lo hundió un centímetro y, cuando el piloto empujó la hélice con fuerza, el motor cobró vida.

—¡Bien hecho! —se desgañitó Jet tratando de hacerse oír a pesar del estruendo—. ¡Ahora siéntate bien derecho y no toques nada!

El piloto rodeó entonces el aeroplano por detrás para desatar la cola. Ricky alargó el cuello para ver lo que estaba haciendo, pero la cabina era demasiado profunda y, picado por la curiosidad, se puso de pie para poder disfrutar de una mejor perspectiva.

—¡Siéntate y estate quieto! —le advirtió su hermano.

Cuando Ricky se dejó caer de nuevo en el asiento, su mano tropezó con el acelerador justo cuando Jet Hawks acababa de desatar la cola: se oyó un rugido repentino y el aeroplano pasó por encima de las cuñas de madera y salió disparado hacia delante.

Al ver que la cola del aeroplano se levantaba del suelo, Pete y Ricky se quedaron paralizados por el miedo. Pete se volvió y vio a Jet Hawks corriendo tras ellos como un loco, pero el avión a la fuga era demasiado rápido para él.

El viento silbaba entre los soportes de las alas y el ruido del motor ahogaba los gritos desesperados de los muchachos. El primer impulso de Ricky fue levantarse para saltar de la cabina, pero Pete lo detuvo.

—¡Siéntate! —le ordenó—. Estamos más seguros aquí.

Y, cuando tiró de su hermano para devolverlo a su asiento, el cinturón de seguridad se movió y el palo se echó hacia delante.

¡Y entonces ocurrió algo asombroso! Las ruedas dejaron de rodar por encima del asfalto de la pista. Al mirar hacia abajo, los muchachos vieron que se alejaban cada vez más del suelo.

¡Estaban volando!

Pete se quedó boquiabierto y el azote del viento casi lo dejó sin aliento.

—¡¿Y ahora qué vamos a hacer?! —gritó Ricky con todas sus fuerzas, tratando de hacerse oír por encima del ruido del motor.

A sus pies, a lo lejos, Jet Hawks agitaba los brazos, desesperado.

De repente, a Pete se le ocurrió una idea. El muchacho alargó el brazo hasta el cuadro de mandos y desconectó el botón del acelerador. El motor se detuvo y, de pronto, solo oyeron el espeluznante silbido del viento soplando entre los soportes verticales de las alas. «He oído que, a veces, estos aviones pequeños aterrizan por sí solos —pensó Pete—. ¡Eso espero!». Se volvió y le gritó al oído a su hermano:

—¡Quédate sentado y no toques el palo! Creo que saldremos de esta.

El avión planeaba suavemente e iba perdiendo altura poco a poco. Tras dejar atrás los límites del aeropuerto, acabó descendiendo hacia un pequeño claro.

—¡Agárrate! —gritó Pete.

Las ruedas pasaron rozando la copa de varios árboles y luego, tras unos cuantos brincos, el avión rodó un trecho sobre el suelo pedregoso y, finalmente, se detuvo.

—¡Uau! —suspiró Ricky, y los dos hermanos se desparramaron en sus asientos.

Mientras trataban de recuperarse del susto, oyeron el sonido de una sirena a lo lejos y, al cabo de unos instantes, un camión del aeropuerto cruzó a toda velocidad la pista de aterrizaje con la luz de emergencia roja parpadeando y se metió en el claro. Avanzó a trompicones entre los baches del terreno y acabó deteniéndose junto a los muchachos. Jet Hawks y un empleado del aeropuerto bajaron del vehículo.

—¿Estáis bien, chicos? —les preguntó el piloto.

—Sí, sí, estamos bien —respondió Pete con un amago de sonrisa.

Los hombres, pálidos del susto, ayudaron a los dos hermanos a salir de la cabina.

Jet esbozó una sonrisa irónica y dijo:

—Chicos, me habíais dicho que erais detectives, ¡no pilotos!

—Lo... lo siento —se disculpó Ricky—. No me he quedado quieto en el asiento... Ha sido culpa mía. Pete nos ha salvado.

—Eso de desconectar el botón del acelerador ha estado muy bien: ¡has sabido reaccionar con rapidez! —lo animó Jet—. Bueno, no ha llegado la sangre al río —añadió.

Y, guiñándoles un ojo, el empleado añadió:

—Habéis aterrizado sanos y salvos y el viejo cacharro está entero.

Ricky se sintió muy aliviado al no recibir la bronca que sabía que se merecía.

—La próxima vez lo haremos mejor —aseguró Pete.

—Creo que por hoy ya está bien —respondió el piloto con firmeza—. Remolcaremos a Jenny de vuelta al aeropuerto.

Al cabo de unos minutos ya habían atado una cuerda a la parte de delante del avión, y el camión lo arrastraba por la pista hacia el lugar en que habían despegado los jóvenes pilotos.

Jet y el empleado del aeropuerto metieron el avión

en el hangar mientras los dos muchachos esperaban fuera. Cuando los hombres aparecieron de nuevo, vieron que un coche circulaba junto al edificio principal. La bocina sonó un par de veces, y Jet agitó entonces el brazo para saludar a la hermosa mujer que iba sentada al volante, acompañada de una niña.

—Son mi esposa y mi hija —aclaró Jet—. Venid a conocerlas.

Para entonces a Ricky ya habían dejado de temblarle las manos y las mariposas del estómago de Pete se habían calmado. Ambos muchachos tenían un aspecto bastante sosegado cuando les presentaron a Isobel, la esposa de Jet.

—Con Pete ya nos conocíamos —dijo la mujer con una sonrisa—; me alegro de conocerte a ti también, Ricky. Esta es nuestra hija, Daphne.

Era una niña de unos diez años, con el pelo muy rubio y hoyuelos en las mejillas.

—La llamamos Daffy, para acortar —dijo Jet guiñándoles un ojo a los dos hermanos.

Pete y Ricky sonrieron, y Daffy les devolvió la sonrisa.

—¿Os ha llevado papá a dar una vuelta en la Trepidante Jenny? —les preguntó la niña dulcemente.

Pete tragó saliva con fuerza y se limitó a asentir con la cabeza.

—¡Yo diría más bien que el paseo lo han dado ellos! —exclamó Jet—. Ya os lo contaré de camino a casa.

—¿Y qué hacemos con las bicicletas? —preguntó Ricky.

—Colocadlas detrás —les indicó el hombre— y sentaos en el asiento de detrás.

Los chicos obedecieron. El piloto se sentó al volante del coche, y se encaminaron hacia Shoreham.

Mientras Jet Hawks contaba la historia de la aventura en el aire, su esposa lo escuchaba horrorizada y los ojos de Daffy brillaban de emoción.

—¡Es genial! —exclamó la niña—. ¡Ricky, Pete, aún vais a ser astronautas!

Cuando Jet Hawks detuvo el coche junto a la casa de los Hollister, ya casi era la hora de comer.

—Tenéis que conocer a nuestra familia —dijo Pete, y salió corriendo a buscar a su madre.

Mientras Ricky descargaba las bicicletas, la señora Hollister y sus hijas salieron de la casa y, en menos que canta un gallo, las niñas se pusieron a charlar alegremente con Daffy. La señora Hollister invitó entonces a los Hawks a quedarse a comer.

—No querríamos molestar —dijo el piloto algo abochornado—, pero la verdad es que la historia de lo que nos ha ocurrido hoy es larga y esta sería una buena ocasión para contársela.

Después del postre, les dieron permiso a los niños para que se levantaran de la mesa y, al cabo de unos minutos, los mayores se unieron a ellos en el salón. Estando las cuatro niñas apiñadas en el sofá, Pete oyó que Holly le susurraba a Daffy al oído la palabra «secreto».

—¿Qué habéis hecho mientras Ricky y yo hemos estado fuera? —preguntó.

Pam miró a Ricky y dijo:

—Esta mañana hemos hecho una cosa.

Luego le dio un empujoncito a Sue y la niña se fue corriendo escaleras arriba.

—Es algo especial para ti, Ricky —declaró Holly.

Al cabo de un minuto, Sue regresó cargada con un puñado de coloridos vestiditos para muñecas hechos de papel. Ricky parecía desconcertado.

—¿Son para mí? —preguntó, poniéndose colorado.

CAPÍTULO 5

Espeluznantes descubrimientos

—¡ME REGALÁIS UNOS VESTIDOS DE MUÑECA! —EXCLAMÓ Ricky, con una expresión irónica en el rostro—. ¿Es una broma?

Y todos se echaron a reír.

—¡Oh, Sue, no es esto lo que te he pedido que le trajeses! —dijo Pam—. Ya sabes... lo otro.

Sue salió disparada hacia las escaleras y las subió ayudándose con pies y manos. Esta vez regresó cargada con un enorme paracaídas muy bien doblado. Al verlo, Ricky sonrió de oreja a oreja, con la mirada radiante.

El paracaídas estaba hecho con hojas de un papel blanco muy resistente que las niñas habían pegado con esmero unas con otras.

—¡Es genial! ¡Gracias! —exclamó Ricky mientras cogía el regalo.

—Lo hemos hecho entre todas —dijo Pam—. ¡Era este nuestro secreto!

—¡Uau! —soltó Pete—. ¡Ahora podríamos volver a ir al Castillo de Roca para lanzarlo!

La señora Hollister sugirió organizar una merienda en la cantera para el día siguiente. Invitó a los Hawks y, aunque esa tarde Jet tenía un vuelo, su esposa y Daffy sí aceptaron.

—Mi marido también estará ocupado con la tienda —le dijo la señora Hollister a la señora Hawks con una sonrisa—, así que podemos ir las dos con los niños.

Cuando los invitados se marcharon, Ricky y Holly decidieron probar el paracaídas y lo lanzaron desde el tejado del garaje. Esta vez Joey Brill no apareció para fastidiarlos. El único que los vio fue Domingo. Pete había dejado salir el burro de la cuadra para que pastara por el apetitoso césped del jardín y, cada vez que el paracaídas aterrizaba en el suelo, el animal levantaba la cabeza y soltaba uno de sus sonoros rebuznos: «¡Hiaaa!».

Esa noche, después de cenar, Pete le dijo a Pam que lo mejor sería salir a observar el cielo poco antes de que amaneciera, justo cuando Jet había visto las misteriosas luces.

—Pondré el despertador temprano —le comunicó Pete a su hermana—. Si veo algo sospechoso, te aviso.

Casi había amanecido cuando sonó el despertador. Pete se vistió a toda prisa y bajó las escaleras de puntillas. Al cabo de unos pocos minutos, ya había extendido una lona junto al muelle y se había echado a contemplar el cielo oscuro.

Cuando no llevaba más que unos pocos minutos observando la oscuridad, algo cayó en picado hacia él y el muchacho se levantó de un salto, con el corazón desbocado.

«No era más que un murciélago —se dijo—. ¡Vaya! ¡Creo que empiezo a tener los nervios de punta!».

Al echarse a contemplar el cielo de nuevo, el mayor de los Hollister descubrió una luz azulada surcando la oscuridad. De repente, la luz se volvió verde, luego púrpura y, al cabo, desapareció en el bosque, cerca de la casa.

«¡No! ¡No estoy soñando!», se dijo Pete. El chico se puso en pie a toda prisa y se plantó bajo la ventana de Pam en un santiamén. Al cabo de unos minutos, la puerta de la casa se abría silenciosamente y la niña aparecía sujetando a Zip por el collar.

—Se viene con nosotros, por si acaso —susurró.

Pete y Pam se montaron en sus bicicletas, encendieron las luces y pedalearon sendero abajo. Al rodar sobre los guijarros que cubrían el suelo, las ruedas rompían el silencio de ese amanecer incipiente. Los dos hermanos descendían por la calle en dirección al bosque donde habían desaparecido las luces misteriosas, dejando que el aire frío y húmedo les golpeara el rostro.

Al cabo de unos minutos, Pete se detuvo frente a una

parcela vacía, delante del bosque que se extendía a lo largo de la orilla del lago.

—Las he visto caer por aquí, Pam —aseguró Pete.

Los dos hermanos se bajaron de las bicicletas y siguieron a pie.

A pesar de que el amanecer empezaba a iluminar el cielo, bajo los árboles aún reinaba la oscuridad. Los pájaros se estaban despertando y, a lo lejos, un búho ululó melancólicamente antes de regresar a su refugio diurno.

—¿Crees que deberíamos regresar? —preguntó Pam cuando alcanzaron el corazón del bosque.

—No, estoy seguro de que han caído por aquí —insistió Pete con un hilo de voz—. Andemos en círculo.

—¿Qué estamos buscando? —susurró la niña.

Su hermano le confesó que en realidad no lo sabía.

—Eran luces, eso es todo —dijo.

Zip correteaba varios pasos por delante de los chicos y, al poco rato, regresó con ellos y les soltó un ladrido agudo.

—¿Qué ocurre? —le preguntó Pete—. ¿Has encontrado algo?

El perro describió varios círculos y, a continuación, avanzó hacia un matorral con el hocico pegado al suelo, levantando con cautela las patas a cada paso. Pete y Pam lo siguieron hasta que el animal se detuvo en seco. A continuación, Zip se agachó contra el suelo y soltó un gruñido. Pam sintió un escalofrío al oír la voz que surgía de entre los arbustos.

—Mándame al apartado de correos 48 de Shoreham —dijo.

Pete se quedó mirando los matorrales sin podérselo creer. Cuando la voz repitió el mensaje, Zip se puso a ladrar y a saltar muy inquieto, pero no se veía a nadie.

«¿De dónde ha salido esa voz?», se preguntó Pete adelantándose unos pasos.

De repente, oyó las palabras de nuevo, procedentes de algún lugar cerca de sus pies. Pam pegó un salto. Se había parado casi encima de una cajita que estaba sujeta a un paracaídas de papel blanco medio oculto por los matorrales. Entre la caja y el paracaídas había una ristra de luces de colores.

Cuando Pete se agachó para recoger lo que habían encontrado, la voz habló de nuevo.

—Es una grabación —concluyó el muchacho y, después de apretar un botoncito, la voz calló.

—Ya tenemos a nuestro ovni —dijo Pam mientras examinaba los cordeles que sujetaban la cajita al paracaídas—. Y aquí están las luces —añadió señalando la retahíla de bombillas de colores que colgaba de uno de los cordeles.

—El que haya lanzado este paracaídas quería que alguien lo encontrara —razonó Pete.

—Pero ¿por qué hay que mandarlo al apartado de correos 48 de Shoreham? —preguntó Pam, perpleja.

Pete cogió el aparato con mucho cuidado y los dos hermanos regresaron a casa en sus bicicletas. La señora

Hollister estaba preparando el desayuno cuando Pete y Pam entraron corriendo en la casa, impacientes por anunciar su descubrimiento.

—Un invento muy ingenioso —opinó el señor Hollister después de examinarlo.

—Pero, ¿para qué sirve? —preguntó Holly.

—Tal vez para atraer la atención hacia lo que esos paracaídas llevan colgando —sugirió Pam.

Después de desayunar, Pete telefoneó a Dave para informarle del inquietante descubrimiento y, más tarde, los dos muchachos y Pam fueron a visitar al señor Kent a su casa para enseñarle el paracaídas parlante.

El jefe de redacción apartó los periódicos que tenía encima del sofá para que los chicos pudieran sentarse.

—Así que habéis descubierto qué era ese ovni —dijo—. ¡Felicidades! Ahora ya solo os queda averiguar quién lanza estos artefactos y por qué.

—Si descubrimos quién es el dueño del apartado de correos 48, tal vez podamos preguntárselo —comentó Pete.

—Eso no es tan fácil de saber —respondió el señor Kent—. Los apartados de correos son privados y el encargado de la oficina de correos no podrá deciros quién alquila el número cuarenta y ocho.

—Lo primero que haremos esta mañana es mandar la caja a ese apartado —dijo Pam—. Luego podemos vigilar y esperar a ver quién lo recoge.

El señor Kent les deseó suerte y les dijo que publicaría una nota en el periódico pidiéndole al misterioso inventor que se presentase.

Después de prometerle al jefe de redacción que lo mantendrían informado, los niños regresaron a toda prisa a su casa para prepararse para ir a la iglesia. De vuelta a casa, comieron algo y después la señora Hollister se puso a preparar la comida para el picnic y, a media tarde, cuando Daffy y su madre llegaron, ya estaba todo listo. Los Hollister enseguida les contaron la historia del paracaídas.

—¡Qué guay! —exclamó Daffy—. ¡Ya verás cuando papá se entere!

El trayecto hasta el camino de la cantera fue tranquilo, pero, a partir de allí, todo fueron baches. No tardaron en tomar un desvío que, según la señora Hollister, les llevaría al borde del acantilado y, después de conducir sendero arriba, llegaron a un claro.

—¡Ahí está el Castillo de Roca! —exclamó Pam.

—¡Vayamos dentro! —propuso Holly, bajándose del coche de un salto.

Los demás la siguieron corriendo hasta la hermosa formación rocosa.

—¡Oh! —suspiró Daffy—, ¡parece un castillo encantado!

Ante ellos se levantaban dos torreones de piedra recubiertos de yedra, unidos por un parapeto de roca. Una de las torres era de roca maciza, pero en la otra descubrieron una estrecha puertecita. Cuando la cruzaron, los muchachos se encontraron con una gigantesca sala redonda en la que había una gran ventana a través de la que pudieron contemplar la cantera y el embalse en toda su extensión.

—El viento y la lluvia han ido erosionando las rocas hasta darles esta forma de castillo —les explicó la señora Hollister.

Después de advertir a los niños que tuvieran cuidado, ella y la señora Hawks salieron afuera.

—Lancemos el paracaídas —propuso Ricky con entusiasmo, y enseguida se sentó cerca de la ventana, en una enorme roca redonda, para desenredar los cordeles del paracaídas.

—Yo iré abajo para recogerlo, Ricky —se ofreció Holly.

—De acuerdo —accedió su hermano—. Y la próxima vez me lo lanzas tú, ¿vale?

Holly encontró el empinado sendero y bajó rápidamente hacia la cantera que se extendía debajo. Los demás la observaban desde la enorme ventana de la torre. La niña correteó por la estrecha banda de tierra que se alargaba entre el Castillo y el embalse y gritó:

—¡Lánzalo, Ricky!

Su hermano arrojó el paracaídas tan lejos de la pared del acantilado como pudo. El paracaídas se abrió y fue flotando hacia abajo mientras Holly corría hacia él para atraparlo antes de que llegara al suelo.

—¡Buena parada! —gritó Daffy, batiendo palmas—. ¡Oh, qué divertido!

Holly dobló el paracaídas y se encaramó por el sendero como un monito. Cuando llegó a la cima, Pam propuso:

—Ahora lánzalo tú. Ricky y yo esperaremos abajo para recogerlo.

Sin embargo, cuando llegaron al pie el sendero, una ráfaga de viento sopló de repente en dirección al embalse, y Pam y Ricky se detuvieron cerca de la orilla del agua. Al levantar la mirada, vieron a Holly soltando el paracaídas, que cayó desde lo alto del acantilado, se hinchó como una vela, y fue flotando hacia abajo, cada vez más cerca del agua.

Pam y Ricky retrocedieron unos pasos, sin apartar la mirada del paracaídas. Desde lo alto del acantilado, los demás gritaban y agitaban los brazos, pero Pam no se daba cuenta de que trataban de advertirlos del peligro.

La niña dio otro paso atrás y, dejando escapar un grito ahogado, desapareció bajo el agua fría. Mientras trataba de alcanzar la superficie, rozó con el pie un objeto alargado que se alejó culebreando.

«¡El monstruo!», pensó.

CAPÍTULO 6

Los caballeros y el dragón

Holly nadó hacia la superficie agitando frenéticamente los pies. Cuando por fin asomó la cabeza fuera del agua, tomó ávidamente una bocanada de aire fresco y se encaramó en la orilla rocosa del embalse.

Ricky, que ya tenía el paracaídas en las manos, se fijó en la mirada de terror de su hermana.

—¿Qué ocurre? —le preguntó—. No ha sido más que un chapuzón...

—He tocado una especie de serpiente enorme con los pies —dijo Pam.

—¡El monstruo! —exclamó su hermano.

—Por un momento, yo he pensado lo mismo —admitió la niña—. Sé perfectamente que no puede haber sido un monstruo, pero, aun así, no me apetece nada volver a meterme ahí.

—¡Claro! ¡Y que lo digas! —coincidió Ricky.

Solo con dar unos pocos pasos hacia el sendero, el brillante sol de la tarde ya había empezado a secar la ropa de la niña. No habían llegado muy lejos cuando la mirada del muchacho descubrió algo brillante a los pies del acantilado y los dos hermanos fueron rápidamente a investigar de qué se trataba.

—Es una vieja máquina —concluyó Pam.

Ricky se puso en cuclillas y examinó el artilugio circular, que estaba conectado a un motor oxidado del que salía una tubería que iba a morir a la orilla del estanque; lo que le había llamado la atención era el brillo metálico de una de las piezas de sujeción.

—Esto es una bomba —dedujo Pam—. Debía de usarse hace años para achicar el agua y mantener seca la cantera.

Mientras los niños manipulaban la vieja máquina, un ruido los sorprendió y, al levantar la mirada, descubrieron a Sid Raff, de pie junto a ellos.

—¿Así que habéis vuelto? —les preguntó el hombre—. ¿Se puede saber qué estáis haciendo con esa bomba?

—Solo estábamos mirando —respondió Ricky.

—Hoy hemos venido a merendar aquí —aclaró Pam señalando el Castillo de Roca.

—Esta bomba está rota —les explicó Raff—. No funciona, así que no os rompáis la cabeza. Me trae sin cuidado que estéis merendando ahí arriba —añadió mirando hacia el borde de la cantera—, pero os aconsejo que os mantengáis alejados de aquí.

—¿Por qué? —preguntó Ricky.

—Porque ayer por la noche hubo un desprendimiento de tierra.

Raff señaló el montón de rocas y grava que se había acumulado en la base del acantilado, no muy lejos de donde se encontraban, y añadió:

—Es peligroso. No deberíais jugar por la cantera.

—Gracias por decírnoslo —dijo Pam educadamente.

La niña cogió a su hermano de la mano y empezó a subir el sendero pedregoso que conducía a la cima del acantilado. Al cabo de unos minutos, los dos hermanos miraron atrás. Sid Raff ya no estaba allí.

—Ese hombre debe de ser mago: ¡ya ha vuelto a desaparecer! —comentó Ricky.

—Pero ¿se puede saber de dónde ha salido? —preguntó Pam.

Ricky se encogió de hombros. Los dos hermanos siguieron subiendo por el escarpado sendero y, cuando rodearon el lugar donde había tenido lugar el desprendimiento del que les había hablado Raff, Pam dijo:

—Tal vez solo pretendía evitar que nos hiciéramos daño.

Mientras su hermana hablaba, Ricky se agachó para recoger una piedrecita: estaba cubierta de vetas doradas.

—¡Mira lo que he encontrado! —gritó, con orgullo.

—¡Parece titanio! —exclamó Pam.

—Pero Sid Raff nos dijo que por aquí no había.

—Tal vez el desprendimiento de tierra haya dejado una veta al descubierto —respondió Pam, entusiasmada—. ¡Ya verás cuando se lo contemos al señor Kinder! Quizá después de todo esta cantera sea muy valiosa.

—Estoy seguro de que a ese geólogo también le gustaría saberlo —declaró Ricky, metiéndose la piedra en el bolsillo.

Para cuando alcanzaron la cima, su madre, la señora Hawks y las niñas ya habían preparado la comida a la sombra de un pino, cerca del Castillo de Roca.

—¿Ya se te ha secado la ropa, cariño? —le preguntó su madre—. Hemos visto cómo te caías.

—Y ¿qué os ha dicho Sid Raff? —quiso saber Pete.

Cuando Pam y Ricky les contaron lo que había pasado, la señora Hawks aseguró con una sonrisa:

—Estoy convencida de que lo que has tocado con el pie no era ningún monstruo, Pam.

—Pero Ricky ha encontrado un trozo de titanio —dijo Pete—. ¡Ahora el señor Kinder podrá vender la cantera a un buen precio!

—O explotarla por su cuenta —opinó Daffy.

—Vayamos a verle mañana a primera hora y enseñémosle la piedra —sugirió Holly.

Después de haber dado buena cuenta de la deliciosa merienda, Daffy y Pam se pusieron a saltar a la comba con Sue y Holly, mientras Pete y Ricky contemplaban el embalse desde la ventana del castillo.

El lugar estaba desierto y las sombras iban avanzando silenciosas por la cantera. Pete seguía ahí de pie, absorto en la aventura del día, cuando Daffy le dio un golpecito en el hombro y le dijo:

—¿Te apetece jugar a damas y a caballeros con nosotros?

—Vale —respondió el muchacho con una sonrisa—, pero si soy un caballero, iré a la guerra.

—Yo también quiero jugar a damas y caballeros —reclamó Sue—; yo seré la reina.

Pam aceptó ser la madre de la reina y Daffy, su dama de honor. Holly, en cambio, insistió en que quería hacer de caballero. Lucharía al lado de Ricky y Pete para acabar con el dragón que amenazaba el castillo.

Mientras Pete buscaba algunas ramas rotas que pudieran servirles de espadas, Sue se sentó en la roca redondeada que había cerca de la ventana del castillo. Pam cogió el mantel de la merienda y envolvió a su hermana con una túnica improvisada, y Daffy le fabricó una corona con una bandeja de papel doblada y se la sujetó con un cordel. Después de adornarse la cabeza con un plato que le hacía de diadema, Pam y Daffy ocuparon sus puestos al lado de Sue.

Ante la mirada divertida de las dos madres, Daffy le hizo a Sue una reverencia, al tiempo que le decía:

—¿Qué desea Vuestra Majestad?

—¡Matad al dragón y traedme su cabeza!

—¡Oh, Mi Majestad! —exclamó Pam—. ¡Eso es muy sanguinario!

—Pues es lo que dicen en mi libro de cuentos —protestó Sue—. Además, es solo *maginario.*

Ricky se había pasado todo ese tiempo concentrado en el trono de Sue. Le parecía que esa piedra podía estar ocultando un agujero en el suelo. Sin embargo, antes de que pudiera hacer ningún comentario, su hermana pequeña gritó:

—¡Aquí viene Pete con vuestras espadas!

El muchacho le entregó una a Ricky y otra a Holly, y se quedó la tercera para él.

—El dragón acecha entre los árboles —advirtió Pete, señalando un grupo de pinos majestuosos.

Y los tres se lanzaron al ataque. Sus espadas de madera se hundían una y otra vez en el aire tratando de cortarle la cabeza al dragón imaginario.

—¡Está escupiendo fuego por la boca! —gritó Ricky, retrocediendo varios pasos. Los demás lo imitaron.

—¡Nos devorará a todos! —chilló Holly.

Los tres leales defensores de la reina Sue retrocedieron paso a paso, luchando en vano para acabar con el dragón embravecido. Al final, cuando ya estaban a tocar del trono, Pete se abalanzó hacia delante y clavó la espada en el corazón del dragón de fantasía. La enorme bestia se desplomó en el suelo.

—¡Lo habéis vencido, caballero Pete! —gritó Pam.

—¡Y ahora cortadle la cabeza! —ordenó Sue.

Ricky actuó con rapidez y enseguida levantó la cabeza del dragón, mientras Holly se apoyaba, exhausta, en la ventana de la roca. La niña se volvió para echarle un vistazo a la cantera y, de repente, soltó un chillido estremecedor.

—¡Oh! ¡Mirad eso! ¡Un dragón de verdad!

Los demás corrieron a su lado y asomaron la cabeza por la abertura de roca, pero lo único que vieron fue un enorme remolino en la superficie de las aguas oscuras.

—Debe de haber sido el mismo monstruo que ha tocado Pam con el pie —gritó Ricky.

La señora Hollister sugirió que podía haber sido un pez grande que había subido a la superficie para comerse algún bicho.

—Tal vez tengas razón, mamá —dijo Pete—. Bueno, deshagámonos del dragón de Sue.

Pete y Ricky se esforzaron por levantar la bestia ilusoria, la llevaron hasta el borde del precipicio y la arrojaron abajo llenos de satisfacción.

—Bien —concluyó Sue—. ¡Por fin la reina está a salvo!

Al cabo de un rato, todos se subieron al coche dispuestos a emprender el camino de regreso a Shoreham.

—¿No falta nadie? —preguntó la señora Hollister, mirando por encima del hombro.

—Pasemos lista —propuso Pete, y cada uno fue diciendo su nombre en voz alta.

De repente, la señora Hollister hizo una mueca y dijo:

—Vamos, chicos, ¿quién de vosotros ha cogido las llaves del coche?

—Yo no —aseguró Pete.

—Ni yo —dijo Ricky.

Su madre parecía desconcertada.

—Estoy segura de que he dejado las llaves aquí... ¡Y ahora no están! ¡Alguien debe de habérselas llevado!

CAPÍTULO 7

Un gato solitario

—¿Nos vamos a quedar aquí toda la noche? —preguntó Ricky, esperanzado, mientras su madre rebuscaba en vano en su bolso, muy nerviosa porque no encontraba las llaves.

—No, vamos a encontrar esas llaves e irnos a casa —respondió la señora Hollister con determinación—. Las tenía en un estuche de piel. ¡No pueden haberse marchado solas!

—Entonces alguien debe de habérselas llevado —concluyó Pete—. No hemos estado pendientes del coche todo el rato.

—¿Y quién iba a gastarnos una broma así? —preguntó la madre de Daffy.

—Posiblemente Raff o Ralston —dijo Ricky.

—Pues a mí no me han parecido nada bromistas, la verdad —opinó Pam.

—Sea como sea, tendremos que buscar a fondo antes de que anochezca —dijo la señora Hollister.

Los mayores y los niños se apearon del coche y empezaron a buscar las llaves describiendo círculos cada vez mayores.

—No ha habido suerte —suspiró Pam cuando terminaron de registrar el claro en el que habían aparcado el coche.

De repente, la pequeña Sue, que había estado rondando cerca del bosque, gritó:

—¡Ya las he encontrado! ¡Están aquí!

Los demás acudieron a la carrera y se encontraron a la niña recogiendo las llaves del tronco de un arbolito en el que alguien había sujetado el estuche con un clavo. Y qué sorpresa se llevaron todos cuando vieron caer al suelo una hojita de papel. Pam la cogió y la desplegó. Alguien había garabateado:

> AVISO.
>
> ¡MANTENEOS ALEJADOS DEL CASTILLO DE ROCA!

—¡Oh! ¡Esto es terrible! —se lamentó la señora Hollister.

—Aquí está ocurriendo algo muy misterioso —añadió la señora Hawks.

—Y nosotros vamos a llegar al fondo del asunto

—aseguró Pete—. Nadie nos va a meter miedo para echarnos de aquí.

Una vez en el coche, mientras ya se alejaban de la cantera, Pam se sintió observada por unos ojos desconocidos, pero no vio a nadie. Durante buena parte del camino de vuelta, todos trataron de adivinar quién podía haberles gastado esa broma de mal gusto y a qué venía esa advertencia.

—Tal vez simplemente les haya parecido divertido —opinó Daffy. Después de eso, las niñas cambiaron de tema y se pusieron a hablar de muñecas.

—Yo siempre voy a tener muñecas —dijo Pam—, incluso cuando sea mayor.

Daffy añadió que también le encantaban y que nada le gustaba más que jugar con ellas a papás y a mamás.

—Pobre Maddie-Poo —se lamentó Sue—. Está enfermita.

Maddie-Poo era una de sus muñecas preferidas. Le había pasado algo en la cabeza y le bailaba un poco; le iba de un lado a otro y solo se le mantenía en su sitio cuando estaba acostada en su camita.

La conversación sobre las muñecas tocó a su fin cuando llegaron a casa de los Hollister. La señora Hawks y Daffy se despidieron de sus nuevos amigos y les dieron las gracias por esa tarde tan agradable. Los más pequeños, exhaustos por las emociones del día, fueron a acostarse enseguida, pero Pete y Pam aprovecharon para hacer planes para la mañana siguiente.

—Mandaremos el paracaídas al apartado de correos 48 —dijo Pete—. ¿Por qué no añadimos al paquete una carta en la que le pidamos al propietario que se ponga en contacto con nosotros? Así podríamos resolver el misterio de ese extraño paracaídas.

—¡Buena idea! —coincidió Pam—. Y que Daffy le cuente a su padre que hemos encontrado el ovni —añadió.

Pete y Pam decidieron que, después de haber mandado la caja con el paracaídas, le harían una visita al señor Kinder para enseñarle la piedra de las vetas doradas que Ricky había encontrado en la cantera.

—¡Estará encantado con la noticia! —dijo Pam, muy contenta.

A la mañana siguiente, de camino a la tienda, el señor Hollister acompañó a Pete y a Pam a correos. Después de enviar el paquete con la caja del paracaídas, los niños se fueron andando a casa del señor Kinder. La puerta estaba cerrada. Pete llamó al timbre y esperó unos minutos, pero no hubo respuesta.

—No debe de estar en casa —concluyó el muchacho—. Quizá se haya ido de viaje de nuevo.

Justo entonces Casey apareció por una esquina de la casa, saltó por encima de la barandilla del porche y se restregó contra la pierna de Pete. Luego el gato maulló escandalosamente.

—Es curioso —comentó Pam—. Si el señor Kinder se hubiera ido de viaje, se habría llevado a Casey consigo.

—Este viejo gato está hambriento —observó Pete—. ¿Y si le damos de comer? No creo que a Blanquita y a sus hijitos les importe.

Casey fue tras ellos, impaciente, y, a pesar de que el paseo era largo, acompañó a Pete y a Pam hasta su casa.

El imponente gato los siguió hasta la cocina, donde Blanquita estaba tomando un poco de leche con su prole. Cuando la gata vio a Casey, se relamió las gotitas blancas que tenía en los bigotes y condujo a su familia escaleras abajo, hasta el sótano.

—Blanquita no es muy simpática que digamos —observó Holly, al ver que su mascota desairaba así al recién llegado.

—Lo cierto es que no los hemos presentado como es debido —reconoció Pete, riéndose por lo bajo.

Luego se fue a la despensa y regresó con una lata de comida para gatos que abrió para servírsela a Casey.

¡El gato del señor Kinder vació el plato como si llevara una semana sin probar bocado! En cuanto se hubo zampado su comida, se dirigió al bol de leche que Blanquita había dejado a medias y se lo terminó. A continuación, dio las gracias con un maullido, empujó la puerta y salió al jardín.

—Vuelve aquí —le pidió Holly corriendo tras él, pero Casey se plantó en la acera de un salto y desapareció calle abajo.

—Encontrará el camino de vuelta a casa —la tranquilizó Pete—. Los gatos siempre lo encuentran.

Mientras Pam se preguntaba por qué el señor Kinder habría dejado al pobre Casey solo en casa, el teléfono interrumpió sus pensamientos. Era Daffy, que quería invitar a las hijas de los Hollister a su casa después de comer.

—Por favor, traeros vuestras muñecas —le pidió la niña—. Podemos jugar a papás y a mamás. Seguro que nos divertiremos mucho.

Cuando Pam les dio la noticia a sus hermanas, Holly y Sue se alegraron un montón.

—Oh —suspiró la pequeña morenita brincando de un lado a otro—, ¡me llevaré también a Maddie-Poo! Podemos jugar a hospitales con ella.

Cuando acabaron de comer, las tres niñas fueron a recoger sus muñecas. Colocaron a Maddie-Poo en un cochecito y pusieron las demás en el carrito de Ricky, incluidas las muñecas de trapo, las de porcelana y la colección de muñecas de otros países de Pam.

—Si os encontráis a Joey Brill, no le hagáis ningún caso —les advirtió la señora Hollister cuando sus hijas se marcharon calle abajo.

—Así lo haremos —le prometió Pam a su madre.

El camino hasta la casa de Daffy era largo, pero hacía un sol radiante y soplaba una brisa fresca. De vez en cuando, Sue se detenía para tocarle la frente a Maddie-Poo, pero la muñeca no tenía fiebre y la pequeña decidió que podía hacer el viaje sin problema.

Cuando pasaron junto a la casa de Joey, las niñas no

volvieron la cabeza ni a la derecha ni a la izquierda; se limitaron a mantener la mirada fija al frente. Daffy vivía casi al final de la manzana y las estaba esperando delante de su casa. Enseguida llevó a sus nuevas amigas al jardín de atrás.

—Es genial —opinó Holly cuando vio el césped y todo lo que su amiga tenía para jugar: un columpio, un balancín, un flamante tobogán de color rojo y una especie de castillo grande de hierro en el que se podían subir.

Holly dejó sus muñecas, incapaz de decidir qué atracción probar primero. Al final, corrió hacia el columpio y, después de estar un minuto balanceándose hacia delante y hacia atrás, se bajó y fue a encaramarse al castillo de hierro mientras Pam se montaba con Sue en el balancín.

—Yo quiero probar el tobogán —dijo la niña al cabo de un momento.

La pequeña se subió rápidamente a la escalera y, al llegar arriba, en lugar de sentarse, decidió echarse de espaldas y deslizarse cabeza abajo.

—¡Oh, ten cuidado! —le advirtió Pam.

Sue se dejó caer por el tobogán y, al aterrizar sobre el césped mullido, dio una voltereta.

—¡Eres un diablillo! —le dijo su hermana sacudiéndole la parte de detrás de los pantalones cortos—. Venga, vamos a jugar con las muñecas.

En un rincón del jardín, había un cerezo que les

proporcionaba un pequeño círculo de sombra. Después de extender una mantita rosa en el suelo, Daffy entró en la casa y regresó con un montón de muñecas. Luego fue a buscar una mesita y varias sillas, y también una vajilla diminuta.

—¡Oh, qué divertido! —exclamó Holly, mientras la ayudaba a sentar las muñecas en posiciones diversas.

Sue sacó a Maddie-Poo del cochecito con mucho cuidado y la abrazó cariñosamente.

—Vamos, vamos, no llores —le dijo para consolarla—. Podremos arreglarte la cabecita, Maddie-Poo.

Sue le confeccionó a su muñeca un cojín con varios puñados de hierba y luego la puso encima.

Las pequeñas mamás dieron de comer a sus muñecas y las acostaron, y después Holly se fijó en un árbol muy alto situado en la parte trasera de la casa de Joey, varios jardines más abajo.

—¡Mirad! —gritó—. Joey y Will tratan de lanzar el paracaídas de Ricky.

Los dos muchachos se habían subido hasta las ramas más altas del árbol. Joey sostenía el paracaídas naranja en una mano y, mientras las niñas lo observaban, lo lanzó tan lejos como pudo. El paracaídas flotó en el aire, pero en su descenso tropezó con el cable telefónico de la casa de los Brill.

—Les está bien empleado —dijo Holly, entre risas.

Los dos chicos se bajaron del árbol y fueron a buscar una cuerda con la que Joey hizo un lazo. Su intención era atrapar el paracaídas, pero, en lugar de eso, la cuerda se enredó en el cable del teléfono.

Joey y Will tiraron de ella con fuerza y, al fin, el paracaídas se vino abajo... ¡y el cable del teléfono, también!

—¡Oh! —exclamó Pam—. Esto les traerá problemas.

La señora Brill enseguida apareció por la puerta de detrás de la casa y riñó a los dos chicos. Les dijo que tendría que hablar con los vecinos e informar también a la compañía telefónica.

Cuando la mujer se hubo marchado, Will Wilson les sacó la lengua a las chicas.

Holly dijo: «Qué tonto». Y siguió jugando con las

muñecas, que estaban a salvo arropadas en sus camitas, con los ojitos cerrados, incluso Maddie-Poo.

—Duerme como un angelito —observó Sue cuando la señora Hawks las llamó para que fueran dentro a comer helado y tarta.

La única que se quedó un rato para comprobar que Maddie-Poo estuviera bien fue Holly. Las demás corrieron a la casa y se sentaron a la mesa, decorada con un mantel de papel y servilletas a juego. Estaba repleta de platos con helado y pastel recubierto de chocolate.

—¡Vamos, date prisa, Holly! Se te va a derretir el helado —la llamó Daffy.

Holly no respondió enseguida, pero, al cabo de unos segundos, su voz se oyó alta y clara:

—¡Socorro! ¡Socorro! —gritó.

CAPÍTULO 8

La muñeca secuestrada

AL OÍR LOS GRITOS DE HOLLY, DAFFY CORRIÓ HACIA LA VENtana y miró afuera.

—¡Oh! —exclamó—. ¡Pobre Holly!

La niña estaba en medio del jardín, de puntillas, con las dos trenzas atadas a una de las barras del castillo.

—¡Aguanta, Holly! —le gritó Daffy—. Te ayudaremos a soltarte.

Todas salieron corriendo. Después de que Pam liberara las trenzas de su hermana, Holly les contó que habían sido Will y Joey.

—¡Serán gamberros! —dijo Daffy.

—¡Y también se han llevado nuestras muñecas! —añadió Holly con las lágrimas cayéndole por las mejillas.

Al parecer los dos muchachos se le habían acercado en silencio por detrás, le habían atado las trenzas para inmovilizarla, habían cogido todas las muñecas y habían huido a la carrera a través de los jardines de las otras casas. Ahora ya no se los veía por ninguna parte.

—¿Hacia dónde se han ido? —preguntó la señora Hawks, que había salido al jardín, extrañada por tanto alboroto.

—Maddie-Poo se pondrá aún peor —lloriqueó Sue.

—Vamos —la tranquilizó Pam—. Seguidme. Recuperaremos nuestras muñecas.

Las cuatro niñas cruzaron a toda prisa un jardín tras otro y fueron recogiendo las muñecas que encontraron desparramadas aquí y allá. Gracias a que el césped era muy mullido, no se había roto ninguna, pero tenían todas el pelo revuelto y los preciosos vestidos arrugados.

Cuando las niñas llegaron al jardín trasero de la casa de Joey Brill, habían recuperado todas las muñecas, salvo a Maddie-Poo.

—¿Dónde está mi muñeca? ¡Quiero a Maddie! —se desgañitaba Sue.

—¡Mira, ahí está! —exclamó Holly señalando el árbol desde el que Joey y Will habían lanzado el paracaídas. Maddie-Poo colgaba bocabajo.

Cuando el viento agitaba las hojas, Maddie-Poo se balanceaba hacia delante y hacia atrás, con la cabeza más suelta que nunca. Las niñas se quedaron de pie, debajo de la muñeca secuestrada, a la espera de que Maddie cayera del árbol en cualquier momento.

Y entonces un hombre sonriente apareció en el jardín cargando con una larga escalera.

—¿Es aquí donde ha caído la línea de teléfono? —preguntó.

Y, antes de que las niñas tuvieran tiempo de responder, el técnico descubrió la muñeca colgando en el árbol.

—Ya os la bajaré yo —se ofreció, apoyando la escalera contra el árbol.

El empleado de la compañía de teléfonos subió con mucho cuidado para que Maddie no sufriera ninguna sacudida y rescató a la muñeca de Sue. Justo entonces, la señora Brill salió al jardín y vio la escena.

—¿Cómo ha ido a parar ahí esa muñeca? —preguntó.

Las niñas le contaron lo que había ocurrido.

—Siento mucho que Joey haya hecho esto —dijo la señora Brill—. ¿Está bien vuestra pequeña?

Sue le explicó que, antes del secuestro, Maddie ya tenía el cuello algo torcido, pero ahora le colgaba de un modo preocupante. Además, casi se le había salido de sitio una de las piernas.

—Dámela a mí —se ofreció amablemente la madre de Joey—. Conozco un hospital de muñecas muy bueno en el que pueden curar a Maddie-Poo.

Las niñas le dieron las gracias a la señora Brill, y también al técnico, que enseguida arregló el cable de teléfonos suelto.

—¿Es vuestro este paracaídas? —les preguntó a las niñas.

Pam le respondió que, aunque antes era de su hermano, ahora Joey Brill podía quedárselo, porque Ricky tenía otro.

Las cuatro niñas regresaron a casa de Daffy con los brazos cargados de muñecas. La señora Hawks había metido sus helados en el congelador, y se los volvió a servir.

—¡Ñam! ¡Está delicioso! —exclamó Holly, metiéndose una buena cucharada de helado de chocolate en la boca.

—Siento que ese par de gamberros os hayan estropeado la diversión —dijo la madre de Daffy, sirviéndoles un segundo pedazo de tarta a cada una.

Cuando terminaron de merendar, las niñas recogieron la mesa y se dispusieron a peinar y acicalar a sus muñecas. Daffy y Holly les lavaron los vestidos con agua y jabón, mientras que Pam y Sue se encargaban de arreglarles el pelo. Luego, las niñas se fueron turnando para planchar los vestiditos con la plancha para muñecas de Daffy.

—Muchas gracias, señora Hawks —dijo Pam cuando ya se iban—. Nos lo hemos pasado muy bien.

—Volved otro día —repuso la madre de Daffy, acariciando a Sue en la cabeza.

Holly y Pam colocaron todas las muñecas en el carrito, porque Sue prefería llevar el cochecito vacío. Nadie podía ocupar el lugar de Maddie-Poo.

Pam no bajó la guardia en ningún momento por si aparecía Joey Brill, pero no le vieron el pelo en todo el camino de vuelta a casa. Cuando las niñas llegaron, se encontraron a Pete y Ricky sentados en los escalones del porche y a la señora Hollister regando las rosas. Los muchachos se indignaron cuando se enteraron de lo que Joey y Will les habían hecho a sus hermanas.

—Cuando los pille se van a enterar —soltó Pete muy enfadado.

La señora Hollister lo oyó y le avisó:

—Pete, no quiero peleas ni con Joey Brill ni con Will Wilson.

—Está bien, mamá —respondió el chico a regañadientes—, pero pienso decirles un par de cosas la próxima vez que los vea.

Pete no se encontró con el secuestrador de muñecas hasta el día siguiente. Los hijos de los Hollister se habían levantado temprano y, durante el desayuno, habían hablado de cuál iba a ser su siguiente movimiento para encontrar al propietario del paracaídas.

—Propongo que vigilemos la oficina de correos de dos en dos —dijo Pete—. Tarde o temprano nuestro hombre irá a buscar su paquete al apartado de correos 48 y, cuando lo haga, podremos preguntarle por su nuevo invento.

—Si lo encontráis —opinó el señor Hollister—, seguro que en el periódico estarán encantados de publicar la historia.

Decidieron que Ricky quedaría con Dave Mead y que ambos estarían pendientes de correos hasta mediodía, momento en el que los relevaría quien pudiera proseguir con la vigilancia.

—Perfecto —soltó el señor Hollister—. Así tú estás libre para cortar el césped, Pete.

—Y yo recortaré el seto —se ofreció Holly.

Cuando Ricky se marchó, Pam ayudó a su madre con las tareas de la casa. Sue se fue brincando hasta la acera a esperar al cartero, como hacía a menudo. A veces, el hombre le traía una piruleta, un detalle que convertía la recogida de las cartas en una labor aún más divertida.

Pete había puesto en marcha el cortacésped y, mientras dibujaba caminos en la hierba, Holly vio aparecer al señor Barnes, el cartero, por el otro extremo de la calle. El hombre se acercaba con calma, silbando una melodía, y, justo entonces, Joey Brill pasó montado en su bicicleta.

—¡Lárgate, Joey malo! —le gritó Sue.

A pesar del ruido del cortacésped, Pete la oyó, así que apagó la máquina y corrió hacia la acera acompañado de Holly. Joey giró en redondo en medio de la calle y se mofó:

—¡Ahora ya estamos en paz!

El mayor de los Hollister se lo quedó mirando sin perder la calma y le dijo:

—Parece que a ti y a Will os gusta jugar con muñecas.

Al oír a su hermano, a Holly se le escapó la risa.

—No, no es verdad —replicó.

—Pues te vieron cargando con un montón de muñecas —prosiguió Pete—. ¿Verdad, Sue?

La niña asintió enfáticamente con la cabeza y su hermano añadió:

—¿Por qué no vas un momento a casa y le traes una muñequita a mi amigo?

Joey se puso rojo como un tomate y empezó a pedalear en círculo como un loco tratando de pensar en una respuesta a la provocación de Pete. En una de las vueltas, la rueda delantera chocó con el bordillo, y el muchacho perdió el control de la bicicleta, que se subió a la acera y acabó chocando con el cartero.

—¡Oh! —gritó el señor Barnes.

El cartero, Joey y la bicicleta cayeron al suelo mientras docenas de cartas volaban en todas direcciones.

El gamberro mascULLó una disculpa, recogió su bicicleta y se fue tan deprisa como pudo. Mientras, Pete ayudó al cartero a ponerse en pie, y Holly y Sue se ocuparon de recoger el correo que había quedado desparramado por la calle.

—¡Dichoso niño! —protestó el señor Barnes mientras se sacudía el uniforme.

Holly le dio las cartas que habían recogido del suelo y el hombre les dio las gracias a todos por su ayuda.

—¿Tiene alguna carta para nosotros? —le preguntó Sue con su vocecilla, como si nada hubiera ocurrido.

—Mmm, sí, sí —respondió. El cartero seleccionó varios sobres y se los dio a la niñita. Sue empezó a leerlos

y luego se los dio a su hermano mientras añadía—: ¿Y no tiene nada para mí?

—Aquí hay una carta para los cinco —respondió Pete. Luego dejó escapar un grito de sorpresa y dijo—: ¡Es de Hootnanny Gandy! ¿Os acordáis de él?

Hootnanny era un amigo muy especial de la familia que los Hollister que habían conocido en Nueva York. Pete lo recordaba como un hombre alto y delgado, con los hombros algo encorvados; tenía las cejas muy pobladas, los ojos grises y una mirada aguda. Al parecer había trabajado durante muchos años excavando túneles de Nueva York.

—¿Te refieres a ese hombre tan amable, con el pelo de escoba? —dijo Sue.

Al recordar los pelos canosos y tiesos de Hootnanny, los demás se echaron a reír.

Pete llevó las cartas al porche y Holly fue a avisar a Pam. Cuando el muchacho abrió el sobre que iba dirigido a los cinco, todos se apiñaron alrededor.

—«Queridos detectives —empezó a leer el mayor de los Hollister—. ¿Cómo estáis? ¿Os acordáis de que hace un tiempo me aficioné al clima? Me he pasado tanto tiempo trabajando bajo tierra que ahora no me canso de contemplar el cielo y las nubes. Cerca de Nueva York han encontrado un artefacto muy curioso que llegó en un globo desde Shoreham».

—¡Quizás era un paracaídas parlante! —interrumpió Pam.

Pete asintió con la cabeza y siguió leyendo:

—«¿Habéis visto algún globo volando por el cielo de vuestro pueblo? Creo que un meteorólogo aficionado debe de vivir por allí. ¿Podríais tratar de descubrir quién es y hacérmelo saber? Ahora que este viejo topo se ha convertido en un observador de los cielos, me gustaría encontrar a un amigo con quien poder compartir por carta mi afición».

Holly se rio, y Pete le advirtió:

—Aún no he terminado. —Y prosiguió—: «No me he encontrado con ningún misterio desde que os fuisteis de Nueva York... Me encantaría volver a veros. ¿Os gustaría hacerme una visita algún día?». Firmado: «Vuestro viejo topo, Hootnanny».

—¡Pues claro! —exclamó Pete, mientras los niños intercambiaban miradas, entusiasmados.

—¡Mamá! —gritó Holly—. ¡Nos han invitado a ir a Nueva York!

CAPÍTULO 9

Rojo, blanco y azul

LOS NIÑOS CORRIERON HACIA LA CASA PARA CONTARLE A SU madre lo de la invitación de Hootnanny. La señora Hollister estaba en la cocina, planchándole a Sue un vestido rosa y blanco lleno de volantes. La mujer dejó la plancha en el extremo de la tabla y leyó la carta.

—Tal vez vuestro misterio del paracaídas parlante haya llegado hasta Nueva York —opinó la señora Hollister—. ¡Es muy emocionante!

—Por favor, ¿podemos ir? —le rogó Pete—. Tenemos que ver lo que ha encontrado Hootnanny.

—Y, ya que estamos —sugirió Pam—, podríamos ir a ver el Museo Americano de Historia Natural para aprender algo más sobre el titanio.

La señora Hollister le devolvió la carta a Pam, cogió la plancha de nuevo y la pasó por los volantes de la parte baja del vestido.

—Listo —dijo—: ya está.

Y colgó el vestidito de una percha.

—Pero mamá —protestó Holly—, no nos has contestado.

La señora Hollister les sonrió y dijo:

—Para seros sincera, ahora mismo no tenemos bastante dinero para pagar billetes de avión de ida y vuelta a Nueva York para todos. —Al ver las miradas desilusionadas de sus hijos, añadió—: Papá y yo teníamos planeado hacer un gran viaje todos juntos dentro de poco y debemos ahorrar para eso.

—Mamá lleva razón —reconoció Pam—. Debemos resolver los misterios aquí, en Shoreham, y no tenemos ni un minuto que perder.

Pete y Pam salieron fuera y se sentaron bajo un sauce, en la orilla. Mientras hacían planes, Ricky regresó de su misión de detective. Enfadado y desanimado, se desplomó en el césped junto a sus hermanos, se apoyó en un codo y se puso a mordisquear un tallo de hierba muy largo.

—No ha habido suerte —informó—. Dave y yo no le hemos quitado el ojo a la oficina de correos, pero no ha venido nadie.

Cuando Pam le contó que habían recibido una carta de Hootnanny, a Ricky se le iluminó el rostro.

—¡Sí! ¡Me acuerdo de ese viejo excéntrico! —exclamó—. Es una lástima que no podamos ir a verlo. Pete, ¿y ahora qué haremos con el tema de los globos?

Decidieron que, por la tarde, Ricky y Pam estarían pendientes del cielo por si veían algún globo y, mientras, Pete y Holly irían a correos por si alguien acudía a recoger el paracaídas parlante del apartado 48.

En cuanto terminaron de comer, Pete avisó a Holly, y la niña se acomodó en la parte de detrás de la bicicleta de su hermano. Mientras el mayor de los Hollister pedaleaba hacia el pueblo, Pam y Ricky se echaron en la hierba y no apartaron los ojos del cielo azul. De vez en cuando, una nube surcaba el cielo. A pesar de que podían ver a varios kilómetros a la redonda, no vieron aparecer ningún globo.

Después de estar casi una hora observando el cielo, Ricky dijo:

—Quizá los globos y los paracaídas aparezcan solo de noche. ¡Qué lata! ¡Ahora mismo podría estar pescando!

Pam sabía que no podría retener allí a su inquieto hermano durante mucho más tiempo.

—Está bien, Ricky —aceptó—, ve a buscar un buen pez para cenar y mientras yo... ¡Oh, mira!

La niña se puso en pie de un salto con el índice extendido hacia el cielo. Tres grandes globos flotaban a mucha altura, justo por encima del lago de los Pinos: uno era rojo; otro, blanco, y el tercero, azul. Estaban atados juntos y se veía algo blanco colgando justo por debajo.

—¡Es un paracaídas! —gritó Ricky—. Caerá en Shoreham de un momento a otro.

Los globos surcaban el aire volando cada vez más bajo.

—¡Los seguiremos! —decidió Pam.

La niña y su hermano se montaron en sus bicicletas y pedalearon calle abajo, mirando cada dos por tres hacia el cielo para no perder de vista los globos rojo, blanco y azul. Aún no se había soltado ningún paracaídas.

Los dos hermanos pedaleaban remontando la pendiente de una calle para bajar luego por la siguiente. Durante unos segundos, los globos quedaron ocultos tras unos árboles, pero cuando los dos niños salieron a un espacio abierto, los localizaron de nuevo, cada vez a menos altura.

—¡Mira, Ricky! —dijo Pam, deteniendo la bicicleta—. Los globos han aterrizado encima de ese edificio de pisos.

—¡Vayamos a buscarlos! —respondió su hermano, bajándose de la bicicleta y apoyándola luego en el caballete.

Mientras corrían a toda prisa, Ricky se fijó en que el edificio tenía seis pisos de alto. La enorme puerta principal estaba protegida por una reja de hierro y, cuando el muchacho trató de abrirla, se dio cuenta de que estaba cerrada con llave.

—¿Cómo vamos a entrar ahí? —le preguntó a Pam.

Su hermana le sugirió que probaran por la parte de atrás. Tal vez allí encontrarían al encargado.

—Seguro que cuando sepa que somos detectives nos ayudará a resolver el misterio —dijo Ricky con orgullo.

Recorrieron un pasaje que conducía a la parte de atrás del edificio y allí, sentada en un cajón de arena, encontraron a una niñita apenas algo mayor que Sue. Era muy rubia, con el pelo rizado, y tenía unos ojos marrones muy grandes.

—Hola; me llamo Tess —les dijo cuando Pam y Ricky se le acercaron—. ¿Queréis ayudarme a hacer pasteles de arena?

—Ahora mismo no tenemos tiempo. Buscamos al encargado —le respondió Ricky.

—Es mi padre —explicó la pequeña—. Lo avisaré si antes hacéis un pastel de arena conmigo.

—Oh, por supuesto —respondió Pam cariñosamente.

La muchacha se sentó en el borde de la caja y, con una pala, cogió una buena cantidad de arena y la humedeció con el agua de la regadora diminuta que Tess le había dado. Luego se sirvió de varios moldes para preparar unos pastelitos de arena y los fue depositando en el borde de la caja para que se secaran al sol.

—Oh, gracias —dijo Tess y, con una vocecita aguda y chillona, gritó—: ¡Papá! Papá, te están buscando.

Al cabo de unos segundos, un hombre joven y moreno apareció en las escaleras que subían desde el sótano. Llevaba unos pantalones caqui sujetos con unos tirantes y una camisa azul de trabajo con el botón del cuello desabrochado. Pam se presentó y le contó que los globos que andaban persiguiendo habían aterrizado en el tejado.

—Es muy importante que le echemos un vistazo al paracaídas que llevan sujeto —le explicó Pam—, porque tenemos que resolver un misterio.

El encargado sacudió la cabeza y dijo:

—Lo siento, pero estoy demasiado ocupado. Y nunca dejo que los niños se suban al tejado.

—Oh, por favor —le rogó Ricky—. Es muy importante.

—Sí, papá —intervino Tess—. Fíjate qué pastelitos de arena más monos me han ayudado a preparar.

El hombre sonrió y, al final, les dijo:

—Está bien, acompañadme. Os llevaré al tejado.

Y los condujo a un sótano muy frío donde tomaron un ascensor. A continuación, subieron hasta el sexto piso y, una vez allí, Pam y Ricky siguieron al encargado por un tramo de escaleras que terminaba en el tejado del edificio de pisos.

—¡Ahí están! —exclamó Pam, señalando los globos.

Ricky corrió hasta allí y los recogió del suelo, justo cuando el viento estaba a punto de llevárselos volando.

Debajo de los globos rojo, blanco y azul, encontraron una pelota de tela envuelta en un cordel. Pam la desató con impaciencia y, al final, vio desplegarse una banderita de tela en la que había escritas estas palabras: «¡Circo de tres pistas de Bruno! De lunes a viernes en Jenkintown».

—Este circo está a cincuenta kilómetros de aquí —observó el hombre—. Es una lástima que esta banderita no llegara a abrirse. ¿Es esto lo que estabais buscando?

—Pues no —reconoció Pam, desanimada—. Pero gracias por ayudarnos.

—Esto es lo que los detectives llamamos una pista falsa —aclaró Ricky—. Lástima...

Los desilusionados sabuesos llevaron los globos y la banderita al ascensor y, una vez abajo, se despidieron de Tess.

—Toma, te los regalamos, para jugar —le dijo Pam mientras le daba a la niña los globos con el anuncio del circo.

Tess estaba encantada con el regalo y se puso a dar brincos por la arena sujetando los globos con la mano. Los Hollister fueron a buscar sus bicicletas y regresaron a casa.

—Espero que Pete y Holly hayan tenido más suerte que nosotros —suspiró Pam cuando ya subían por el sendero de la casa.

Su hermano y su hermana estaban entonces en correos, esperando junto a una pared recubierta de buzones privados. De vez en cuando llegaba alguien, abría uno de los pequeños compartimentos y recogía sus cartas. Pero nadie se acercó al apartado de correos 48.

—Me siento como una tonta, aquí, sin hacer nada más que mirar—dijo Holly, al cabo de un largo rato.

—Ya sé lo que podemos hacer—dijo Pete. El chico se dirigió entonces a uno de los empleados y le dijo—: Querría seis postales, por favor.

—Sí, señor —respondió el empleado, deslizando las postales encima del mostrador.

Pete las pagó y le dio tres a Holly.

—Toma, mándaselas a alguien —le indicó.

—Gracias —le respondió Holly, y se encaminó hacia una de las mesas—. Así no llamaremos la atención.

Los niños se entretuvieron escribiéndole una postal a la tía Marge y al tío Russ, a sus primos Teddy y Jean, e incluso a Dave Mead y a Daffy. Mientras, seguían sin quitarle el ojo al apartado de correos 48, por si el dueño aparecía, dispuesto a recoger el paracaídas parlante.

—Ya no sé a quién más escribirle —dijo Holly, al fin.

—Escríbete a ti misma —le sugirió Pete con una risita.

Justo cuando Holly estaba escribiendo la dirección en una de las postales, Joey y Will pasaron junto a correos y echaron un vistazo dentro. Al ver allí a los Hollister, Joey susurró:

—Psst. Vayamos a ver qué están haciendo.

Los dos gamberros entraron sigilosamente en correos y se plantaron detrás de la niña sin hacer ningún ruido. El bolígrafo negro que Holly tenía en la mano escribía: «Querida Holly: ¿Cómo estás?».

Al leerlo, Joey soltó una sonora carcajada, y todo el mundo se volvió para mirarlo.

—¡Ja, ja! La tonta de Holly se manda una postal a sí misma. ¡T-t-t-t! ¿Acaso nadie les escribe nunca a los Hollister?

—No nos molestes —le susurró Pete en voz baja, al ver que un hombre alto y delgado se acercaba al apartado de correos 48. El muchacho se volvió hacia Holly y le dijo—: ¡Mira! ¡Ahí está!

El hombre se sacó una llave del bolsillo, abrió el buzón y hundió la mano dentro.

CAPÍTULO 10

¡Qué monada!

—¡Señor! ¡Señor! —gritó Pete—. Si no es molestia, me gustaría hacerle una pregunta.

Joey y Will no dudaron en aprovechar la oportunidad que habían estado esperando: Will le arrebató las postales a Holly, y Joey le dio a Pete un empujón que lo mandó de bruces al suelo.

Los dos gamberros se dieron enseguida a la fuga y, cuando Pete se puso de nuevo en pie, el hombre alto ya había desaparecido.

Holly y su hermano salieron corriendo fuera, pero lo único que encontraron fueron todas sus postales desparramadas por la acera.

—¡Menuda canallada! —protestó Holly con indignación.

Pete había perdido la oportunidad de hablar con el desconocido del apartado de correos 48; sin embargo, y aunque parecía algo abatido, no estaba dispuesto a tirar la toalla. Mientras pedaleaban de regreso a casa, hermano y hermana decidieron que la operación vigilancia de correos tenía que continuar.

—Pero no somos bastantes como para tener a alguien allí las veinticuatro horas del día —opinó la niña.

—Pues movilizaremos a todo el club de detectives en peso —respondió Pete—. Y todos haremos turnos de vigilancia.

—¿Daffy también? —preguntó Holly, esperanzada.

—¡Por supuesto! Puede ayudarnos si quiere —respondió Pete—. Paremos un momento en su casa para preguntárselo.

Al llegar allí, Pete y Holly se encontraron a Daffy y a su madre confeccionando un nuevo vestido. La señora Hawks les ofreció leche y galletas y, mientras su hija servía la merienda, Pete les contó el episodio de correos.

¡A Daffy le hicieron los ojos chiribitas cuando Holly le pidió ayuda!

—¡Me encantaría ser uno de vuestros detectives! —exclamó.

—Seguro que si pudiéramos viajar a Nueva York para hablar con Hootnanny, resolveríamos antes el misterio —comentó Pete—; pero, claro, eso es imposible...

El muchacho les contó lo de su amigo, el antiguo excavador de túneles, y lo de la carta que les había mandado a los Hollister.

Daffy y su madre intercambiaron varias miradas.

—Tal vez sí podría hacerse ese viaje —dijo un momento después la señora Hawks—. Papá debe volar a Boston en el avión de la compañía para recoger a un grupo de hombres de negocios. Quizá de camino podría dejarlos en Nueva York.

Pete y Holly no cabían en sí de alegría. La señora Hawks telefoneó entonces al aeropuerto y habló con su esposo: al parecer tenía que salir a la mañana siguiente, muy temprano, pero dijo que estaría encantado de llevar a los Hollister hasta el aeropuerto de Idlewild, en Nueva York, y recogerlos de nuevo al día siguiente para devolverlos a Shoreham.

—¡Yujuuuuu! —gritó Pete, incapaz de contenerse, al oír la buena noticia.

Holly se puso a brincar como una loca, mientras jugueteaba con una de sus trenzas.

—¡Y mamá puede venir con nosotros! —chilló—. ¡Será genial!

Después de darles las gracias a sus amigos, los dos niños pedalearon hacia casa tan deprisa como pudieron.

—¡Nos vamos todos a Nueva York! —se desgañitó Pete al cruzar la puerta, seguido de Holly.

—Pete, tranquilízate —le pidió su madre—. Vamos, cuéntanoslo paso a paso.

La señora Hollister sonrió de oreja a oreja cuando oyó la historia.

—¡Es fantástico! Parece demasiado bonito para ser verdad —dijo—. Telefonearé a papá y le preguntaré si puede prescindir de nosotros por un par de días.

La llamada a La Comercial les devolvió la respuesta satisfactoria del señor Hollister.

—¡Por supuesto que podéis ir todos, Elaine! —le dijo a su esposa—. Os vendrá muy bien un viaje a Nueva York.

Esa tarde, la casa de los Hollister hervía de actividad: los niños y su madre preparaban a toda prisa el equipaje para el viaje del día siguiente.

Pam telefoneó a Hootnanny Gandy y, cuando le contó que aterrizarían en el aeropuerto Idlewild, la voz de su amigo retumbó al otro lado del teléfono:

—Pero ¡si es justo donde debía estar mañana por la mañana! Iré a visitar la estación meteorológica que hay allí para ver cómo se elevan los globos.

Pam y el antiguo excavador de túneles quedaron en encontrarse delante de la puerta de las llegadas.

Cuando llegó la hora de acostarse, ya estaba todo listo para el viaje del día siguiente y Pete ya se lo había contado a sus compañeros de vigilancia de correos.

La señora Hollister despertó a su familia poco después de que amaneciera. Cuando terminaron de desayunar, los niños se despidieron de Domingo, Zip, Blanquita y sus cachorros. De pronto oyeron un maullido procedente de la puerta trasera de la casa. Ahí estaba Casey, pidiendo comida.

—El señor Kinder aún debe de estar fuera —dedujo Pam mientras dejaba entrar al gato en la cocina—. Me pregunto qué le habrá pasado.

Le sirvió en un plato una buena cucharada de comida para gatos y Casey se la zampó en menos que canta un gallo. Luego el animal se encaminó hacia la puerta y se marchó con la cola en alto.

—¡Hora de embarcar en el vuelo especial de Jet Hawks para Nueva York! —exclamó Ricky, mientras él y Pete ayudaban a cargar el equipaje en el coche.

El señor Hollister los acompañó hasta el aeropuerto, donde el piloto Hawks ya tenía el avión listo para despegar. Después de los abrazos y los besos de despedida, la familia subió a bordo y, en cuanto todos hubieron tomado asiento, volvieron a saludar a su padre desde detrás de las ventanillas.

Jet recorrió la pista y, al llegar al final, alineó el aeroplano de acuerdo con la dirección del viento. Luego aceleró los dos motores al máximo, y el avión se levantó del suelo como un pájaro, camino de Idlewild.

Durante el vuelo, Pete y Pam hablaron sobre los misterios en los que se habían visto envueltos. La desaparición del señor Kinder los tenía a ambos preocupados. ¿Se habría marchado a alguna parte con la intención de vender el Castillo de Roca al precio irrisorio que le habían ofrecido? ¿O acaso el aficionado a las piedras se había perdido en uno de sus viajes al oeste?

¿Y qué pasaba con el paracaídas parlante? ¿Era el

misterioso hombre de Shoreham el responsable de ese artefacto?

—Y aún hay otro misterio —añadió Pam—: El del monstruo de la cantera del Castillo de Roca. Me dan escalofríos cada vez que pienso en esa cosa que se retorcía.

—Si pudiéramos encontrar al señor Kinder, seguro que nos diría lo que es —respondió Pete.

Al cabo de un instante, Pam suspiró:

—Espero que el artefacto que ha encontrado Hootnanny sea un paracaídas parlante. Tal vez él o los que trabajan en la Oficina Meteorológica sepan decirnos para qué sirve.

Mientras, Sue, Holly y Ricky se habían dedicado a contemplar el tapete que formaban los campos que iban pasando lentamente bajo el aeroplano. Después de lo que a todos les pareció un suspiro, Jet Hawks anunció que se disponía a emprender el descenso y, al cabo de unos minutos, el avión aterrizó en Idlewild.

El piloto hizo desplegar una rampa en la parte trasera del avión, y la familia bajó a tierra con su equipaje.

—Tengo que despegar de nuevo. Me esperan en Boston —les informó Jet Hawks—. Nos encontraremos aquí mañana por la noche, a las diez.

Y regresó a su avión para prepararse para el despegue.

Mientras se dirigían a la terminal, los Hollister vieron pasar a toda velocidad un vehículo que tiraba de una carretilla repleta de cajas de madera.

—¡Mirad! —exclamó Pete—. En esas cajas debe de haber animales: fijaos en las ventanillas de rejilla.

El vehículo tuvo que esquivar un camión cargado de maletas, y una de las cajas cayó al suelo. ¡Crash! Las tablillas de madera se rompieron y de dentro salió brincando un pequeño canguro.

La criatura se quedó allí plantada, parpadeando a la luz del sol, mientras el vehículo seguía su curso sin detenerse.

—¡Oh!

Eso es todo lo que los Hollister pudieron decir al principio. Luego se pusieron a hablar todos a la vez.

—¡Vuelvan aquí! —gritó Ricky corriendo detrás del vehículo despistado—. ¡Han perdido una caja!

—Tenemos que coger al canguro antes de que resulte herido —dijo Pete.

Cuando los niños corrieron hacia el animal, el canguro se alejó unos pasos de la caja rota.

—¡Parad, parad! —se desgañitaba Pam.

Los niños rodearon al canguro con cautela y, después, Pete lo agarró con fuerza con ambos brazos.

—¡Buen trabajo, chico! —lo felicitó un piloto que pasaba por allí, y varios de los empleados que habían presenciado la captura se pusieron a aplaudir.

—¿Qué hago con él? —preguntó Pete.

—Llévalo al refugio de animales que hay al final del aeropuerto —le sugirió un encargado—. Está cerca de la Oficina Meteorológica.

—Es justo donde vamos —dijo Pam.

—Pues os queda un buen trecho —añadió el hombre con una sonrisa—. Esperad un momento: ahí viene una camioneta que va en esa dirección. ¿Por qué no os subís?

El hombre le hizo una señal al conductor, que enseguida detuvo el vehículo. Al ver al canguro, advirtió con una sonrisa:

—No habrá sitio para todos.

La señora Hollister se ofreció para esperar en la terminal con Sue y les indicó a sus hijos dónde debían encontrarse con ella. Luego añadió:

—No tardéis más de una hora.

Holly y Ricky se acomodaron en el interior de la cabina, mientras Pete y Pam se subían a la parte de atrás. El canguro no paraba de menearse y de dar patadas a diestro y siniestro.

—¡Uy! Espero que lleguemos pronto —dijo Pete.

El refugio para animales era una estructura de ladrillo que se encontraba a varios kilómetros de la terminal de llegadas. Cuando el vehículo se detuvo delante, un hombre regordete se les acercó con una sonrisa de oreja a oreja.

—Tim —le dijo al conductor—, ya veo que has encontrado el canguro perdido.

—El mérito es de estos chicos —respondió Tim—. Lo han atrapado ellos.

Después de que Pete le entregara el animal, el hombre les dijo:

—Vamos, seguidme, chicos.

Y los condujo hasta el interior del edificio. Tras recorrer un largo pasillo, llegaron a una habitación llena de jaulas y el hombre enseguida metió delicadamente el canguro en una de ellas.

—Bien —dijo a continuación, volviéndose hacia los Hollister—, me llamo señor Moody y estoy al cargo de este lugar. Es una especie de hotel para animales a la espera de que alguien venga a recogerlos o de que embarquen en algún avión.

Pete se ocupó de hacer las presentaciones y le contó al hombre cómo había encontrado al canguro. Mientras hablaba, los demás oyeron una especie de parloteo.

—Son monos —les aclaró el señor Moody con una sonrisa—. Tenemos cien jaulas.

Les explicó que esos monos habían llegado del otro lado del océano y que tenían que mandarse a laboratorios y zoos.

—Incluso hay un mono de circo —dijo el señor Moody—. Sombrero Rojo (así es como se llama) es el más listo de todos.

—¿Podríamos verlo? —preguntó Ricky.

—Pues claro.

El señor Moody los condujo de vuelta por el corredor y los hizo entrar por otra puerta.

¡Menudo alboroto armaron los monos cuando los chicos entraron en la sala! Las jaulas estaban apiladas las unas encima de las otras, hasta casi alcanzar el techo.

—Hemos tenido de todo, desde osos hormigueros hasta elefantes —explicó el hombre.

—¿Y leones también? —preguntó Holly con los ojos como platos.

—Sí, leones también, y bebés de gorila —respondió.

El señor Moody se disculpó y fue a buscar un plato de agua fresca y algo de comida para el canguro. Mientras estaba fuera, los niños examinaron más de cerca las jaulas de los monos.

—¡Oh, mira! —exclamó Ricky—. Creo que este es el mono de circo.

El muchacho escrutó el interior de la jaula, cuya puertecita estaba sujeta por un simple clavo.

—¡Oh! ¡Qué bonito! —dijo Pam—. ¡Lleva un gorro muy gracioso y una chaqueta!

—¡Hola, Sombrero Rojo! —lo saludó Holly.

El mono parloteó, se quitó el sombrero e inclinó la cabeza hacia los niños.

Mientras Pete, Pam y Ricky proseguían su camino, impacientes por examinar las demás jaulas, Holly se quedó allí quieta, fascinada por Sombrero Rojo. La niña retiró el clavo y lo metió juguetonamente entre los agujeros de la malla de la puerta. Rápida como una centella, la manita peluda de Sombrero Rojo se lo arrebató.

—Por favor, devuélvemelo —le pidió Holly.

Pero el mono se limitó a farfullar, mientras se ladeaba el sombrero.

—¡Vamos, Holly! —la llamó su hermano desde la

puerta—. Tenemos que irnos ya: Hootnanny nos está esperando.

—Pero... Pero... —dijo la niña sin moverse de delante de la jaula de Sombrero Rojo.

—Vamos, date prisa —le instó Pam a su hermana, cogiéndola de la mano.

Los niños salieron de esa sala enorme y cerraron la puerta tras de sí.

El señor Moody se los encontró en el pasillo y, mientras se despedían de él, el alboroto que armaban los monos se fue intensificando cada vez más.

—Algo ha pasado ahí dentro —dedujo el vigilante, frunciendo el ceño.

En cuanto abrió la puerta y entró en la sala, el hombre soltó un grito de consternación. ¡Todos los monos estaban fuera de sus jaulas, encaramándose por todas partes!

CAPÍTULO 11

La pista del radar

—¡VAMOS! ¡ENTRAD DEPRISA! —EXCLAMÓ EL SEÑOR MOODY—. ¡Y cerrad la puerta!

Los niños se deslizaron dentro de la sala.

—¡Uau! —exclamó Ricky.

Los monos pululaban por todas partes. Libres, se columpiaban, saltaban de un lugar a otro y parloteaban.

Sombrero Rojo tenía pinta de ser el que más se estaba divirtiendo: abrió otra jaula y seis compañeros más saltaron a la libertad.

—¡Así que tú eres el culpable! —le gritó el señor Moody al mono tratando de agarrarlo—. Te mandaré ahora mismo de vuelta a tu jaula, granuja.

Pero el mono se le escapó entre los dedos, se ladeó el sombrero y le sonrió mostrándole todos los dientes.

Holly tiró de la mano del guardián y lo miró con una expresión de pesar en el rostro.

—Métame a mí en la jaula, señor Moody —le dijo la niña—. El verdadero granuja soy yo, no el pobre Sombrero Rojo.

—¡Holly! Pero ¿qué dices? —exclamó Pam haciéndose oír a pesar del griterío.

La niña les contó lo ocurrido con el clavo, más desanimada que nunca.

—Lo que está hecho hecho está —contestó el señor Moody—. Tenemos que movernos deprisa si queremos evitar que Sombrero Rojo libere también a los demás.

El hombre se apresuró a abrir uno de los armarios, extrajo tres redes de mango largo y le entregó una a Pete y otra a Pam.

—Deprisa —les ordenó—. ¡Primero Sombrero Rojo!

Las tres redes volaron una tras otra hacia él, pero el ágil mono las fue esquivando todas.

—Nunca lo atraparemos —se lamentó Ricky—. Es demasiado ágil.

—Esperad un momento —dijo el señor Moody.

El hombre se acercó a otro armario y regresó con un plátano que le entregó a Pete.

—Ya verás: la curiosidad puede ayudar a atrapar un mono.

El vigilante se sacó un pañuelo del bolsillo y, con un golpe de muñeca, desplegó el cuadrado blanco y envolvió con él la fruta.

—Quedaos aquí quietos y observad —les indicó el señor Moody.

Los Hollister obedecieron.

Al cabo de solo unos segundos, Sombrero Rojo se descolgó de lo alto de una de las jaulas y aterrizó encima de una caja, al lado de Pete. A continuación, el mono se fue acercando con cautela con la intención de levantar el pañuelo.

—Cógelo, Pam —susurró el señor Moody, y la niña dejó caer la red encima de la cabeza del animal.

—¡Hurra! ¡Ya lo tienes! —gritó Holly, entusiasmada.

El señor Moody agarró al mono con todas sus fuerzas, lo liberó de la red y lo devolvió a su jaula.

—Ahora que ya tenemos al cabecilla de la revuelta —dijo— será más fácil atrapar a los demás. Podré arreglármelas solo.

Les dio las gracias a los niños por su ayuda y, cuando se alejaban del albergue, le guiñó un ojo a Holly.

Pete llevó entonces a sus hermanos hasta la Oficina Meteorológica, donde debían encontrarse con Hootnanny.

El edificio estaba situado a poca distancia y era fácil de identificar: estaba hecho de cemento y carecía de ventanas y de una de las paredes. Dentro, vieron a tres hombres ocupados tratando de soltar un globo, y a un cuarto, muy alto, contemplándolos.

—¡Hootnanny! —gritó Holly, corriendo con las trenzas al viento hacia su viejo amigo.

Justo entonces el equipo soltó el globo, que se elevó hacia el cielo. Hootnanny cogió a Holly en brazos y exclamó:

—¡Fijaos! ¡Ahí va! ¡Un lanzamiento perfecto!

El enorme globo surcaba el cielo mientras un paracaídas naranja sujeto por unos cordeles se balanceaba justo debajo. Y, del paracaídas, colgaba aún una caja cuadrada. Los Hollister y Hootnanny se quedaron contemplando el ascenso de la gran esfera, que se fue haciendo cada vez más pequeña en el cielo.

—Me alegro de que hayáis llegado a tiempo de ver marcharse el tren —dijo Hootnanny, saludando a todos los niños.

—¿Qué tren? —preguntó Pete.

—Así es como los meteorólogos llamamos al conjunto formado por el globo, el paracaídas y la caja con los instrumentos de medición —explicó el hombre—. Es un modo de abreviar la expresión «tren de instrumentos».

—¡Vale, vale, Hootnanny! —gritó uno de los miembros del equipo, un joven moreno de cabello rizado—. Vamos, dime, ¿son estos los detectives de los que nos hablaste?

—Los mismos —respondió el hombre con orgullo mientras el joven se les acercaba—. Harry Freeman, me gustaría presentarte a los felices Hollister.

Después de los apretones de manos, Hootnanny prosiguió:

—El señor Freeman es quien se encarga de lanzar los globos meteorológicos.

—Enséñales a los niños lo que encontraste —sugirió el joven.

Hootnanny se metió la mano en el bolsillo y extrajo un objeto pequeño.

—¡Eh! ¡Eso es una parte de un paracaídas parlante! —exclamó Pam.

—Sí, eso es: hablaba —respondió impresionado Hootnanny—. ¿Cómo lo sabes?

—Nosotros encontramos uno exactamente igual —explicó Pete, emocionado—. ¿Este qué dice?

—La grabación está en mal estado —respondió el hombre—. Lo único que hemos sacado en claro es: «Mándame a... Shoreham».

—El apartado de correos 48 —dijeron los niños a coro.

Pete enseguida les contó a los dos hombres que su hermana Pam y él habían encontrado el paracaídas parlante y lo habían mandado a correos.

—Ahora mismo tenemos allí a los miembros del Club de Detectives, vigilando —explicó Pam—. Estamos prácticamente seguros de que podremos dar con la persona que espera recibirlo.

Los dos hombres se sonrieron.

—¿Qué te parece? —dijo Hootnanny sacudiendo la cabeza—. Les pido que vengan para ayudarnos y ya tienen el caso medio resuelto incluso antes de llegar.

—El paracaídas parlante es un invento muy útil —les dijo el señor Freeman—. La intención de la Oficina Meteorológica es que, cuando los globos lleguen al suelo, se les devuelvan las cajas con los instrumentos de medición: así podrán repararlos y usarlos de nuevo.

—Y con las luces del paracaídas y la grabación resulta más fácil encontrarlas —añadió Hootnanny—. ¡Es un aparato estupendo!

—Nos gustaría ponernos en contacto con el inventor. Tal vez esté dispuesto a vendernos la idea —concluyó el señor Freeman.

Los niños prometieron que seguirían buscando a ese hombre.

—¿Dónde está vuestra madre? —preguntó de repente Hootnanny—. ¿No habréis venido solos?

Pam enseguida le explicó dónde les estaban esperando la señora Hollister y Sue.

—Ya casi es mediodía —dijo el joven meteorólogo—. Yo voy en esa dirección. Si queréis, os llevo en mi coche.

Al poco rato, Hootnanny y los cuatro niños se reunieron con Sue y la señora Hollister en la terminal del aeropuerto, donde comieron todos juntos. Luego los Hollister cogieron el autobús que iba a Nueva York y se dirigieron directamente a un gran hotel situado junto a Central Park.

Poco después de registrarse, la señora Hollister les anunció:

—Esta tarde tenemos que hacer algunas compras; las niñas necesitan algunas cosas.

Pam y Holly se pusieron muy contentas y Sue se puso a dar palmas porque tal vez su madre le compraría un vestido nuevo. Pete y Ricky, en cambio, parecían decepcionados.

—A los chicos no les entusiasma eso de ir de compras —dijo el antiguo excavador—. ¿Qué le parece si me los llevo conmigo? Voy a enseñarles algo muy especial.

—Pasadlo bien —accedió la señora Hollister con una sonrisa—. Nos vemos luego.

Pete paró a un taxi que enseguida los llevó al Rockefeller Center. Hootnanny los condujo hasta un edificio altísimo y, una vez dentro, los hizo subir un tramo de escaleras que terminaba en un piso abierto.

—La Oficina Meteorológica —anunció, abriendo la puerta—. Aquí todo el mundo me conoce.

Los muchachos entraron y se encontraron con una sala repleta de escritorios, gráficos y meteorólogos enfrascados en su trabajo.

—Buenas tardes, señor Pogue —saludó Hootnanny, acercándose a uno de ellos—. He venido con un par de visitas que tienen noticias para usted.

El señor Pogue era un hombre bajito, regordete y enérgico, con un bigote muy poblado. Hootnanny le presentó a los niños y le informó de que iban tras la pista del hombre que había creado los paracaídas parlantes.

—¡Eso es genial, chicos! —exclamó el señor Pogue—. Nos encantaría poder encontrar al hombre que lanza al cielo esos artefactos.

—Hablando de artefactos —lo interrumpió Hootnanny—. Me gustaría enseñarles el indicador de radar.

El señor Pogue sonrió y les dijo:

—Seguidme.

Y, a continuación, los acompañó hasta una puerta. El hombre la abrió con sigilo y los invitó a pasar dentro. La sala estaba muy oscura salvo por la luz débil que emitía un panel.

Cuando los ojos se acostumbraron a la oscuridad, Pete y Ricky descubrieron a un hombre sentado ante un panel de control dispuesto alrededor de una pantalla circular. Un largo dedo de luz giraba rápidamente sobre la pantalla.

—El ingeniero os explicará cómo funciona —dijo el señor Pogue.

El operario señaló las pequeñas áreas negras que aparecían en la pantalla del radar.

—Todo eso son nubes cargadas de lluvia —explicó—. Por su posición, podemos asegurar que está lloviendo en Connecticut y el oeste de Nueva Jersey.

—¿Se pueden ver aviones y objetos? —preguntó Ricky.

—Sí —respondió el hombre—, y también los barcos que entran en el puerto.

—¿Y también globos? —quiso saber Pete.

Y le habló al hombre del paracaídas parlante que habían encontrado en Shoreham.

—A veces detecto objetos extraños en la zona correspondiente a vuestra área. Interpretamos que son globos sonda, pero no de los nuestros.

—Yo diría que deben de ser los que soltaron las cajas parlantes —opinó Pete.

2x
5x

El señor Pogue también lo creía así y animó a los chicos a seguir con sus investigaciones. Y entonces les preguntó:

—¿Os gustaría ver la estación meteorológica que tenemos en Central Park?

—¡Vaya! ¡Eso sería genial! —exclamó Pete.

Le dieron las gracias al operador del radar y salieron de la Oficina Meteorológica acompañados de Hootnanny y el señor Pogue.

Delante del edificio había aparcado un coche del Gobierno. El señor Pogue se sentó al volante y, tras incorporarse al denso tráfico de la ciudad, se dirigió al norte hasta llegar a Central Park. Después de reseguir las curvas de un camino durante un buen trecho, el señor Pogue tomó un sendero que terminaba en un pequeño lago. En la orilla había una loma rocosa en cuya cima se levantaba un pequeño castillo.

—Esa es la Torre Belvedere —dijo Hootnanny cuando bajaron del vehículo.

Y señaló un torreón en el que había un par de veletas cuyos brazos en cruz terminaban en dos vasitos.

—Anemómetros —les dijo Hootnanny a los chicos—. Uno mide la velocidad del viento y el otro, la fuerza con que sopla.

El señor Pogue se sacó una llave del bolsillo, abrió la puerta y condujo a los niños hasta lo alto de una estrecha escalera de caracol que terminaba en el tejado de la estación meteorológica.

—¡Menudas vistas de Central Park! —exclamó Pete.

—Y aún se puede ir más arriba —dijo el meteorólogo, mostrándoles a los dos hermanos otra escalera de caracol más estrecha.

Pete y Ricky se encaramaron hasta lo alto de la torre, salieron al torreón y echaron un vistazo.

—¡Uau! ¡Desde aquí se ve todo Manhattan! —dijo Ricky.

Ricky brincó como una cabra montesa y se plantó con osadía en la cima del torreón.

—Será mejor que te bajes —le advirtió Pete.

Pero cuando Ricky fue a saltar, resbaló sobre el granito pulido.

CAPÍTULO 12

El gran museo

Mientras caía, Ricky se agarró con los dedos a un saliente del torreón, y Pete alargó enseguida el brazo y pescó a su hermano por el cinturón.

—¡Ayúdenos, señor Pogue! —gritó.

El meteorólogo subió como un rayo la escalera de caracol, seguido de Hootnanny, y, al ver a Ricky colgando, tiró del muchacho y lo puso a salvo.

—¡Fiu! —soltó el señor Pogue mientras Hootnanny se secaba la frente.

En cuanto se sobrepusieron del susto, los dos hermanos siguieron a los mayores escaleras abajo y salieron afuera.

—Lo siento mucho —se disculpó Ricky, arrepentido, mientras subían al vehículo de la Oficina Meteorológica.

—Es que las alturas son siempre peligrosas —observó Hootnanny meneando el dedo—. ¡Los túneles sí son seguros! ¡El lugar más seguro del mundo!

De regreso, el señor Pogue se detuvo en uno de los puestos ambulantes de Central Park para comprar cuatro helados.

—Creo que a todos nos vendrá bien un buen reconstituyente —declaró.

Cuando llegaron al hotel, los muchachos y Hootnanny le dieron las gracias al señor Pogue y se despidieron de él.

—Mucha suerte en vuestra investigación —les deseó el meteorólogo—. Y no tiréis la toalla: necesitamos vuestra ayuda.

Las niñas y la señora Hollister habían vuelto de su paseo con varios vestidos. Todas escucharon a los chicos con mucho interés cuando les hablaron de la pista del radar, y luego hicieron planes para el día siguiente.

—Yo quiero ir a ver al experto en minerales del museo —declaró Pam— para hacerle más preguntas acerca del titanio.

—Muy bien —dijo la señora Hollister—. Mañana iremos todos a visitar el museo. ¿Le veremos más tarde, Hootnanny?

—¡Por supuesto! —contestó el hombre levantando las cejas, con una expresión de sorpresa en el rostro—. Estáis todos invitados a cenar en mi casa.

Sue soltó una risita y exclamó:

—Pero si no sabrá usted cocinar, Hootnanny: ¡es usted un topo!

—¡Ya veréis! ¡Os sorprenderé con mis platos! Y no solo eso: os tengo reservada otra sorpresa.

—¿Qué es? Díganoslo, por favor —le imploró Holly.

—Es un pájaro, y no diré ni una palabra más —respondió Hootnanny—. Bueno, hasta mañana. ¡La cena será a las siete!

—¿Qué estará tramando ahora el viejo Hooty? —preguntó Pete con una sonrisa en cuanto su amigo se hubo marchado.

—Mañana lo sabremos —apuntó Pam—. No seas impaciente.

Al día siguiente, antes de mediodía, los Hollister se dirigieron al Museo Americano de Historia Natural. En cuanto estuvieron delante, se detuvieron en la acera y levantaron la mirada para contemplar el imponente edificio, que constaba de varios bloques. Mientras subían la ancha escalera que conducía a la entrada principal, Sue preguntó:

—¿Qué hay ahí dentro?

—Animales metidos en jaulas de cristal —respondió Ricky, subiendo los escalones de dos en dos.

Al entrar en el museo, los Hollister se encontraron con un enorme vestíbulo de mármol coronado por una cúpula altísima.

—¡Uau! —exclamó Pete—. ¡Esto es supergrande!

—Sí —coincidió la señora Hollister—. Será mejor

que no nos separemos, no vaya a ser que perdamos a alguien.

Mientras su madre hablaba, Sue señaló la sala débilmente iluminada que quedaba a su izquierda. Justo en medio, había tres elefantes imponentes.

—¿Son de verdad? —preguntó Sue.

—Estuvieron vivos hace tiempo —explicó la señora Hollister—, pero ahora están disecados.

—Aquí todos los animales lo están —añadió Ricky—. ¿Lo veis? —agregó señalando los escaparates iluminados que había a cada lado de la oscura sala.

Todos albergaban animales que parecían vivos, expuestos en sus hábitats naturales.

—¡Ese de ahí da mucho miedo! —gritó Holly desde el extremo de un pasillo.

Los demás se reunieron con ella y se quedaron observando al tigre que merodeaba por el bosque sombrío y cubierto de nieve que había detrás del cristal.

—Creía que los tigres vivían en junglas calurosas —comentó Ricky.

—No todos —le aclaró Pete, leyendo el cartel que había colgado al lado de la jaula—. Este es un tigre siberiano.

—¡Escuchad! —exclamó Pam—. Oigo pájaros.

Delicados gorjeos y cantos agudos procedían de algún rincón cercano.

—¡A ver si encontramos de dónde vienen! —propuso Holly.

La niña desapareció corriendo tras una esquina y, de repente, descubrió a un piel-roja en medio de una arboleda. El hombre llevaba un arco enorme, y apuntaba el cielo con una flecha. Parras de apariencia muy realista colgaban de los árboles y la luz del sol se filtraba entre las hojas pesadas. Los extraños cantos de los pájaros parecían proceder de la jungla que rodeaba al cazador.

—Deben de ser cantos grabados —supuso Pete.

—Es un indio Montaña de Suramérica —explicó Pam después de leer el cartel.

Los demás prosiguieron la visita y la señora Hollister cogió a Sue de la mano. La niña se quedó mirando fijamente la estatua del indio, con el ceño fruncido, y, cuando su madre tiró de ella, Sue avanzó un par de pasos y se volvió un momento.

Pete los condujo a todos hacia una amplia escalera, bajaron unos escalones y, al girar a la derecha, se encontraron con una gran sala muy bien iluminada en cuyo centro había una canoa india enorme. Los niños corrieron hacia la extraña embarcación.

—¡Nunca había visto una canoa tan grande! —exclamó Ricky.

Varios remeros de piel morena estaban sentados en su interior, vestidos con pieles. A cada extremo había un hombre de pie, ataviado con un vestido de piel de animal y una grotesca máscara de tótem en la cabeza.

Sue parecía de nuevo algo asustada, y gritó en voz bien alta:

—Mamá, ¿de dónde viene toda esta gente disecada?

—No son gente de verdad —le explicó su madre—, y nunca lo han sido. No son más que muñecos muy grandes.

—Pero no se parecen en nada a Maddie-Poo.

—Eso es porque son viejos indios —apuntó Holly.

Holly se había quedado fascinada por esa canoa gigante, y se detuvo allí un buen rato, contemplando esas caras de expresión adusta. Después de echar un vistazo alrededor, empezó a acercarse al lateral de la embarcación, pero un guardia la apartó de allí enseguida.

—Vamos —resolvió Ricky, cogiendo a su hermana de la mano—. ¡Hay mucho más que ver!

Y se metieron en un corredor, donde, de pronto, se encontraron de frente con dos lobos que corrían hacia ellos a través de la nieve de media noche, con un brillo hambriento en los ojos.

—¡Vaya! —murmuró Ricky—. Me alegro de que estén disecados.

Holly se rio por lo bajo y dijo:

—Pero yo no estoy disecada, y tengo el estómago vacío.

—Yo también me muero de hambre —repuso Ricky y, cuando su madre se les acercó, les sugirió que fueran todos a almorzar.

—¡Me comería un león entero! —dijo la señora Hollister, con los ojos brillantes—, pero creo que en lugar de eso me tomaré un bocadillo.

Así que todos se dirigieron a la cafetería del museo, donde tomaron un tentempié. Mientras daban buena cuenta del postre, un sorbete blanco y rosa, Pete propuso:

—Podríamos ir a la sala de los minerales. Quizás allí encontremos otra pista que nos ayude a resolver el misterio de la cantera.

Los Hollister recorrieron un largo pasillo y esperaron el ascensor junto a una multitud de gente. Una vez dentro del ascensor, Pete preguntó dónde se encontraba la sala de los minerales.

—En el tercer piso —respondió el ascensorista dándole al botón.

—Ya estamos —declaró la señora Hollister al cabo de un instante—. Vamos, chicos.

Los Hollister entraron en la sala de los minerales y, mientras los demás contemplaban los enormes pedazos de rocas brillantes y coloridas que había expuestos tras las urnas de cristal, Pam le preguntó a un guarda dónde podían encontrar al responsable del departamento de mineralogía.

—Hoy no ha venido —respondió el guardia—, pero podéis hablar con su ayudante. Está en su despacho —añadió el hombre señalando un pasillo.

Pam le dio las gracias y fue a informar a los demás.

—Sue y yo os esperaremos en el banco que hay junto a los ascensores —decidió la señora Hollister.

En cuanto los niños encontraron la puerta del despacho, llamaron.

—Adelante —dijo una voz.

Cuando entraron, un joven en mangas de camisa se volvió, visiblemente sorprendido.

—¿Qué puedo hacer por vosotros? —preguntó, quitándose las gafas de montura oscura que llevaba.

Pete se apresuró a enseñarle la piedrecita de vetas doradas.

—Hmm, titanio —dictaminó el ayudante.

—Nos gustaría saber si puede haber mucho más en una cantera cercana a nuestro pueblo —explicó Pete.

El joven los condujo ante un mapa enorme.

—Mostradme dónde vivís —les pidió.

Pete observó el mapa durante unos instantes y señaló Shoreham.

—La respuesta a vuestra pregunta es afirmativa —dijo el joven—. Es posible encontrar titanio en la zona donde vivís. Puede que haya una veta en vuestra cantera.

Los niños soltaron gritos de alborozo. El ayudante esbozó una sonrisa y les preguntó con los ojos brillantes:

—Si encontráis titanio, ¿qué vais a hacer con él? ¿Fabricar diamantes?

Los niños parecían desconcertados.

—¿Qué quiere decir? —preguntó Pam.

—Los científicos saben fabricar diamantes artificiales a partir de ese mineral —respondió el hombre—. Son muy bonitos, pero, por supuesto, no son ni tan duros ni tampoco tan caros como los auténticos.

Pete le sonrió.

—Primero deberíamos encontrar esa veta en la cantera.

—Bueno, ¡os deseo mucha suerte! —contestó el ayudante.

Los niños le dieron las gracias y salieron del despacho muy contentos. Cuando se encontraron con su madre, todos se pusieron a hablar a la vez.

—¡Un momento! ¡Un momento! —protestó la señora Hollister, y mirando al grupo preguntó—: ¿Dónde está Holly?

Los demás echaron un vistazo alrededor, y luego se miraron mutuamente: nadie lo sabía.

—¡Dios mío! —suspiró Ricky, pensando en los kilómetros de oscuros pasillos que había en ese edificio.

Sue tenía los ojos empañados en lágrimas.

—Holly se ha perdido —dijo con voz temblorosa.

CAPÍTULO 13

El búho moteado

—NO LLORES, SUE —LA CONSOLÓ PAM—. ENCONTRAREmos a Holly.

—Tal vez el guardia de la sala de los minerales la haya visto —sugirió Pete—. Vayamos a preguntárselo.

Los Hollister recorrieron el pasillo corriendo hasta llegar a la gran sala de las urnas de cristal. El guardia estaba absorto contemplando una de las piezas cuando la familia se le acercó.

—Disculpe —se apresuró a decirle la señora Hollister—. ¿Ha visto a una niña con trenzas? Mi hija, Holly Hollister, ha desaparecido.

Los ojos azules del guardia la miraron con compasión, pero lo cierto es que no parecía nada sorprendido.

—No, creo que no —respondió—. ¿Cuándo la ha visto por última vez?

—Iba detrás de mí cuando entramos en el ascensor —dijo Ricky.

Nadie recordaba haberla visto después.

El guardia dejó escapar un suspiro y, sacudiendo la cabeza, reconoció:

—Podría estar en cualquier parte. ¡Este edificio es gigantesco!

—Será mejor que nos dividamos y empecemos a buscarla —resolvió Pete, angustiado.

—No tan deprisa, jovencito —lo atajó el guardia—. Hay un modo más rápido. Pondré un anuncio por megafonía; así Holly lo oirá esté donde esté. ¿Dónde queréis encontraros con ella?

—En la puerta principal —dijo la señora Hollister—, y muchas gracias.

Al cabo de dos minutos todos los altavoces que había repartidos por el museo emitieron este mensaje: «Por favor, Holly Hollister, reúnete con tu madre en la puerta principal».

Lo repitieron varias veces, pero Holly no apareció. Al cabo de veinte minutos, la familia seguía esperando en la puerta principal, muerta de angustia y sin noticias de la niña desaparecida.

—Debe de haberle ocurrido algo —concluyó Pete, preocupado.

Pam se puso a pensar: una de las cosas por las que Holly había mostrado más interés era la enorme canoa india.

—Mamá —dijo Pam—, quizás haya vuelto a la sala de abajo. Lo mejor será que Pete y yo vayamos a echar un vistazo.

—Está bien —accedió la señora Hollister—. Los demás nos esperaremos aquí, por si aparece.

Pete y Pam recorrieron a toda prisa los pasadizos en penumbra, bajaron a trompicones las escaleras y entraron en la gran sala. Junto a la canoa, había un guardia que vigilaba a la gente que paseaba alrededor. No vieron a Holly por ninguna parte.

—Oh, Dios, ¿dónde debe de estar? —suspiró Pam; y entonces, haciendo caso omiso de la gente, gritó—: ¡Holly, por favor, ven, estés donde estés!

Los visitantes del museo se sobresaltaron y se volvieron para mirarla y, cuando lo hicieron, un par de ojos asomaron desde detrás del borde de la canoa de guerra.

Pete fue el primero en descubrirlos.

—¡Eh! —exclamó al reconocer a su hermana—. ¡Está dentro de la canoa!

La cabeza de la niña se hundió enseguida y desapareció de la vista de todos, pero el guardia también la había visto. El hombre se inclinó rápidamente sobre la vieja embarcación y sacó a la niña.

—¡Holly Hollister! —gritó Pam—. ¿Se puede saber qué estabas haciendo metida ahí dentro?

—Cuando el guardia no estaba mirando me he... me he encaramado para ver más de cerca a los muñecos indios... y me he caído dentro —arguyó la niña—. Y luego me ha dado miedo salir.

—T-t-t-t —dijo el guardia, sacudiendo la cabeza—. Lleváosla con vuestra madre.

—¡Lo siento! —susurró Holly y rompió a llorar en los brazos de su hermana Pam.

—¡Tranquila, tranquila! —dijo el guardia, acariciándole la cabeza—. No llores más... Informaré de que ya te han encontrado.

Pete y Pam le agradecieron al guardia su ayuda y se alejaron rápidamente, cada uno a un lado de su hermana.

Cuando la señora Hollister vio a su hija desaparecida, la abrazó con fuerza, y la niña le contó la historia de nuevo.

—Debería castigarte —consideró la señora Hollister—, pero me alegro tanto de verte de nuevo que no lo haré.

Cuando salieron del museo, Sue deslizó su mano en la de Holly y la niña de las trenzas se secó los ojos.

—¡Uau! —exclamó Ricky—. ¡Qué bien nos lo hemos pasado, ¿verdad?!

Esa tarde, a las siete en punto, el taxi en el que viajaban los Hollister se detuvo ante un bloque de pisos situado en Greenwich Village. Mientras su madre se ocupaba de pagar al taxista, Pete corrió a llamar al timbre y, al cabo de un instante, Hootnanny les daba la bienvenida a su piso, en la planta baja.

El salón era exactamente como lo recordaban los niños, sencillo y ordenado, pero esa noche una mesa redonda cubierta con un mantel de cuadros rojos ocupaba el centro de la habitación. La mesa estaba puesta para siete personas.

—¡Eh! ¡Mirad eso! —exclamó Pete corriendo hacia un mapa enorme que cubría parte de una de las paredes.

—Me sirve para ir siguiendo los frentes meteorológicos —explicó Hootnanny desde la cocina.

El hombre se puso un delantal y levantó la tapa de una enorme olla negra. Un aroma delicioso flotó en el aire cuando fue llenando los siete platos con un estofado de una pinta irresistible.

Las niñas ayudaron a llevarlos a la mesa y, en un abrir y cerrar de ojos, Hootnanny preparó la ensalada, el pan y la leche.

—Bien, ya podéis sentaros —los invitó con una sonrisa—. ¿Sorprendidos de que sepa cocinar? Pues después de cenar os enseñaré algo que os sorprenderá aún más.

Tras dar buena cuenta de la cena, todos ayudaron a recoger la mesa y, cuando Sue se hubo llevado el último tenedor, Hootnanny dijo:

—Bueno, jovencitos, cerrad los ojos y poneos frente a la mesa.

Los niños obedecieron con una sonrisa en los labios y, al cabo de un instante, el viejo ordenó:

—¡Ya podéis abrirlos!

Plantado encima de la mesa había un enorme recortable de un búho azul.

—Es un regalo para vosotros —dijo Hootnanny—. Pero este búho tiene un secreto... A ver si lo descubrís.

Los niños se apiñaron alrededor mientras Pam cogía ese pájaro de ojos enormes y lo inspeccionaba.

—Está hecho de papel secante —observó.

—Y detrás tiene un cartón y un pie —añadió Pete.

—Y los ojos y las alas son de papel negro y están pegados sobre el papel secante —se fijó Holly.

—¡Es supermono! —dijo Sue—. ¿Ulula?

El antiguo excavador negó con la cabeza, y añadió:

—Vamos, os daré una pista. Este búho se llama Sabio del Tiempo.

Al oírlo, Pete sonrió y exclamó:

—¡Ya sé el secreto! Pero no voy a desvelarlo.

—Oh, yo también lo sé —soltó Pam—. ¡La clave es el azul!

Ricky, Holly y Sue estaban desconcertados con el búho.

—Me muero de sed —dijo Sue—. ¿Podría tomarme un vaso de agua?

—Tú misma —le respondió el hombre—. Hay un vaso en el fregadero.

—Yo también quiero uno —manifestó Ricky siguiendo a su hermana Sue, aún con el búho en las manos.

La niña se puso de puntillas y abrió tanto el grifo que el agua salpicó toda la encimera.

—¡Cuidado! —le gritó Ricky, retrocediendo de un salto.

Pero ya era demasiado tarde: el búho azul ya estaba cubierto de gotitas de agua. De repente, al ver que las manchas iban adquiriendo un color rosa, Sue abrió los ojos como platos.

—¡Mira lo que has hecho! —gritó Ricky—. ¡Has estropeado el regalo!

Cuando Sue y Ricky regresaron de la cocina, se sorprendieron al encontrar a Pete, Pam y Hootnanny con una sonrisa en los labios.

—No has estropeado nada —la tranquilizó Pam—. Se supone que el búho debe volverse rosa cuando se moja: ese era precisamente el secreto.

—Cuando va a llover —les explicó Hootnanny—, hay

mucha humedad en el aire y, al absorberla, el papel secante se vuelve rosa. Así te indica que es muy probable que llueva.

—Y, cuando el aire es seco, el búho se vuelve azul de nuevo —añadió Pam.

Los tres hermanos más pequeños no acababan de entenderlo.

—¿Es que la pintura azul es mágica? —preguntó Sue.

—No —respondió Pete—. El búho está pintado con un producto químico llamado cloruro de cobalto. Hicimos un experimento con él en la escuela, y se lo enseñé a Pam. Por eso hemos adivinado el secreto.

—¡Cuánto me alegro de que el Sabio del Tiempo esté bien! —exclamó Ricky, muy contento, volviendo a poner el búho sobre la mesa.

—¡Me encantaría tener uno para Daffy! —dijo Pam.

—Son fáciles de fabricar —le explicó Hootnanny—. Te daré un poco de cobalto.

El hombre se fue rápidamente a la cocina, cogió un potecito de una estantería muy alta y se lo entregó a Pam.

—Tomad —declaró—. Con esto podríais fabricar un zoo entero, pero no os olvidéis de que tenemos que encontrar a un hombre.

—Y ahora debemos tomar un avión —añadió la señora Hollister con una sonrisa—. Jet nos espera a las diez en punto.

Todos le dieron a Hootnanny las gracias por la fiesta y los regalos, y prometieron mantenerse en contacto con él.

Cuando los Hollister se encontraron con Jet en el aeropuerto, las gotas de agua que habían humedecido al búho ya casi se habían secado y, al aterrizar en Shoreham, el Sabio del Tiempo había recuperado por completo su aspecto azul inicial.

Como Jet Hawks tenía aparcado el coche en el aeropuerto, acompañó a los Hollister a casa.

—Ha sido un viaje muy agradable —dijo la señora Hollister al llegar y, a continuación, le dio las gracias a Jet Hawks por su amabilidad.

El piloto sonrió, saludó rápidamente a toda la familia y prosiguió el camino hacia su casa.

—Por cierto, Pete —dijo el señor Hollister cuando los niños ya se preparaban para acostarse—, Dave Mead lleva toda la tarde llamándote.

—¿Ha dejado algún mensaje, papá?

—Sí. Un mensaje breve y también muy misterioso.

—¿Sobre la operación vigilancia de correos?

—Pues no lo sé —respondió el señor Hollister—. Lo único que me ha dicho ha sido: «Dile a Pete que me llame mañana por la mañana. Tengo grandes noticias».

CAPÍTULO 14

Domingo y compañía

Pete se fue a dormir pensando en el mensaje de su amigo y se despertó al notar el contacto de una mano en el hombro. Al levantar su mirada soñolienta, vio la cara del mismísimo Dave.

—Despierta, dormilón —le dijo su amigo.

Pete se incorporó y se frotó los ojos.

—¿Qué hora es? —preguntó.

—Las ocho en punto. Pero tenía que verte temprano. ¡Encontramos al hombre del apartado de correos 48!

—¿Qué? ¡Eso es genial, Dave! —Pete saltó de la cama y se vistió apresuradamente—. ¿Cómo lo encontrasteis?

—La vigilancia fue un éxito. Ann Hunter lo vio llegar a correos para recoger una carta.

Al oír las exclamaciones de los dos muchachos, Pam llamó a la puerta y entró en el dormitorio justo cuando su hermano se estaba poniendo los zapatos.

—¡Habéis encontrado al hombre! —susurró la niña, emocionada—. ¿Cómo se llama?

—Karl Anthony —respondió Dave—. Llevaba prisa y no pudo entretenerse a hablar con Ann, pero le dio su dirección.

—Entonces vayamos a visitarlo enseguida —decidió Pete.

Pam y su hermano desayunaron, y los tres chicos se marcharon sigilosamente para no despertar a los demás. Montados en sus bicicletas, pedalearon hasta el otro extremo del pueblo y llamaron a la puerta del chalé en el que vivía el señor Anthony. El hombre estaba a punto de irse a trabajar, pero, al ver a los niños, los invitó a pasar.

Pete enseguida se dio cuenta de que se trataba de la misma persona que él y Holly habían visto en correos. Después de las presentaciones, el señor Karl Anthony dijo:

—Hollister... ¡Ah, sí! Había una postal vuestra en el apartado de correos 48. ¿Por qué queréis poneros en contacto con el propietario?

Pete le explicó el interés que tenían en el paracaídas parlante.

—¡Oh, eso! —exclamó el señor Anthony—. Bueno, en realidad yo no soy más que un amigo. El inventor es él. Se llama Link.

—¿Cuándo lo volverá a ver? —quiso saber Pete.

—Pues no lo sé. Link viene cada viernes por la noche a recoger el correo y los artefactos que le devuelven, pero la semana pasada no apareció.

—¿Sabe usted dónde está? —preguntó Pam.

—¡Ya me gustaría! —exclamó el señor Anthony, visiblemente preocupado—. El *Eagle* de ayer publicó un artículo en el que le pedían que se pusiera en contacto con el periódico, y ahora tenéis noticias para él. Lo cierto es que no acostumbra a desaparecer sin decirme nada.

El señor Anthony les contó que su amigo estaba llevando a cabo algunos experimentos fuera del pueblo.

—Pasa allí toda la semana, pero no sé exactamente dónde es.

—Hoy es viernes —dijo Pete—. Si viene esta noche, ¿podrá pedirle que se ponga en contacto con nosotros? La Oficina Meteorológica valora mucho su invento; es muy valioso.

El señor Anthony dijo que lo haría, y los niños se marcharon.

En el camino de vuelta, Pete y Pam se detuvieron en casa del señor Kinder; Dave, sin embargo, no pudo quedarse. El domicilio del viejo buscador de rocas seguía desierto. Pete y Pam decidieron interrogar a algunos vecinos, pero ninguno sabía adónde había ido el hombre.

—Es muy raro —dijo una mujer menuda y gordita que vivía al otro lado de la calle—. Nunca deja a Casey solo. Y ahora, ¡estoy alimentando al gato día tras día!

—Pues nosotros también —añadió Pete soltando una risa—. ¡Menudo apetito!

Los niños regresaron a casa del señor Kinder y deslizaron por debajo de la puerta una nota en la que le pedían que se pusiera en contacto con ellos.

—Esto es superraro —caviló Pete—. Justo los dos hombres que necesitamos encontrar han desaparecido.

—Sí —coincidió Pam—. Y no tenemos ninguna pista del paradero del señor Link.

—Puede que el señor Kinder esté en la cantera por alguna razón —aventuró Pete— y cuando fuimos simplemente no lo vimos.

Pam sugirió hacer una visita nocturna al Castillo de Roca.

—Podemos buscar al señor Kinder y, al mismo tiempo, tratar de encontrar titanio.

—Y tal vez resolver el misterio del monstruo —añadió Pete.

Y regresaron a casa pedaleando a toda velocidad, con el corazón desbocado.

Durante la comida, el señor Hollister accedió a que Indy Roades acompañara a sus hijos en una excursión nocturna a la cantera, y Pam enseguida telefoneó a Indy a La Comercial. El hombre no dudó en aceptar.

—Llevémonos a Domingo —sugirió—. Puede llevar la comida mientras nosotros examinamos la cantera.

—¡Genial! —respondió Pam—. Y también podrá llevar los sacos de titanio, si es que encontramos titanio.

Cuando terminaron de comer, Pam llamó a Daffy para invitarla a la excursión.

—Me encantaría poder acompañaros —dijo la niña—, pero mañana papá se nos lleva de viaje un par de días.

—Oh, lo siento —se lamentó Pam—. No te preocupes, te lo contaré todo cuando estemos de vuelta.

En cuanto las niñas se hubieron despedido, Pete telefoneó al señor Kent y le habló del paracaídas parlante de Hootnanny y de la visita que le habían hecho al señor Anthony.

—Ahora lo único que tenemos que hacer es esperar a que el inventor vaya a recoger su correo esta noche —dijo el señor Kent, muy animado—. Y ya habréis encontrado a vuestro hombre.

—Espero que Link aparezca —se dijo Pete después de que el jefe de redacción hubiera colgado.

Pete, Pam, Holly y Ricky dedicaron el resto del día a preparar la gran expedición al Castillo de Roca.

Sue estuvo de acuerdo con su madre en que resultaría mucho más divertido quedarse en casa y preparar una nueva colección de vestiditos para regalárselos a Maddie-Poo cuando regresara del hospital de muñecas. Incluso Domingo parecía entusiasmado de que Holly y Ricky lo cepillaran para el safari.

El entusiasmo de Pete, sin embargo, quedó empañado después de llamar al señor Anthony: el hombre le comunicó que el señor Link seguía desaparecido.

—Si no sé algo de él pronto—dijo el señor Anthony—, lo notificaré a la policía.

A la mañana siguiente, Indy llegó temprano, al volante de una camioneta pequeña con zona de carga descubierta. En cuanto hubieron colocado una rampa en la parte trasera, Pete hizo subir a Domingo al vehículo. Después de atar al animal para que no se lastimara durante el viaje, Pam, Ricky y Holly ayudaron a cargar los sacos de dormir, las provisiones y un infiernillo.

Antes de partir, Ricky volvió a entrar a toda prisa en la casa y regresó con el viejo y estropeado sombrero de pescar de su padre.

—Si voy a ser un explorador —dijo con una sonrisa—, ¡será mejor que lo parezca!

Los hermanos se subieron a la parte trasera del camión con Domingo, mientras que las niñas se acomodaban delante, junto a Indy.

—¡Adiós, adiós! —gritaron cuando el camión emprendió el camino hacia la cantera del Castillo de Roca.

La señora Hollister y Sue agitaban los brazos desde el sendero de la casa.

—¡Hiaaa! ¡Hiaaa! —rebuznaba Domingo.

Al cabo de una hora, los jóvenes aventureros soportaban las sacudidas mientras el vehículo avanzaba por el accidentado camino que conducía a la cantera. Al cabo de un rato, el foso descomunal se abrió ante ellos, silencioso y ardiente bajo el sol brillante de la mañana, e Indy se adentró en la cantera, en dirección al embalse.

19 SUNSHINE
FLORIDA

Uno de los botes estaba fuera del agua, en la orilla; el otro flotaba en medio del embalse, con un pescador a bordo. Un sombrero de paja le ocultaba parte del rostro, pero Pete lo reconoció enseguida: era Sid Raff. El hombre levantó la mirada hacia los Hollister y ya no les prestó más atención.

Mientras el camión reseguía la imponente pared de roca, Pete señaló un lugar ideal donde instalar el campamento. Estaba a los pies del acantilado, en una gruta, a cobijo del viento.

En cuanto el vehículo se detuvo, los niños se apearon, abrieron el portón trasero e hicieron bajar a Domingo. A continuación, descargaron el resto del equipo, incluidas las cuerdas y los picos especiales para niños.

Pete y Pam arrastraron las tiendas hasta una zona con el suelo nivelado. Una vez allí, el muchacho levantó la mirada: cerca de uno de los torreones del Castillo de Roca había un viejo pino seco que se agarraba precariamente al borde del acantilado.

Mientras los demás montaban el campamento, Ricky y Holly se acercaron corriendo al embalse y saludaron a Sid Raff.

—¡Somos exploradores! —le gritó Ricky, agitando el brazo.

—Ya lo veo —le respondió el hombre—. ¡Muy buena suerte!

—¿Ha visto al señor Kinder? —le preguntó Holly.

El hombre negó con la cabeza y siguió con la pesca.

Después de instalar las tiendas y guardar las provisiones, Pam sacó los bocadillos que les había preparado la señora Hollister. Al acabar de comer, Pete sugirió que fueran a inspeccionar el terreno.

Los niños pusieron varias bolsas vacías a lomos de Domingo y, tras coger los picos y las palas, emprendieron la marcha acompañados de Indy. Al cabo de varios minutos, empezaron a subir el sendero empinado que conducía al borde de la cantera.

Pete y Pam se volvieron un momento y vieron a Raff remolcando su bote orilla adentro. Sin embargo, al cabo de unos instantes, cuando miraron atrás de nuevo, el hombre ya había desaparecido.

—¡¿Has visto?! —exclamó Pete—. ¡Lo ha hecho de nuevo!

—¿Dónde debe de haberse metido? —preguntó Pam.

Los demás escrutaron con la mirada la cantera vacía y calcinada por el sol: no había ni rastro del pescador.

—Debe de tener un escondite secreto en la pared del acantilado —supuso Pete—. Tal vez una cueva.

—Si Sid Raff conoce alguna —sugirió Pam—, quizás el señor Kinder, también. Puede que se encuentre allí.

—Buscaremos cuevas antes de marcharnos —convino Pete.

Los jóvenes exploradores avanzaban poco a poco, examinando los pedazos de roca que encontraban aquí y allá, y desenterrando muestras a su paso.

—¡Oh! ¡Mirad! —exclamó Pam, señalando un trozo

de roca enorme que sobresalía de la superficie del acantilado, a cierta distancia del camino. Trató de alcanzarlo con el pico, pero estaba demasiado lejos—. Pete, ¿podrías cogerme de la mano, por favor? —le pidió entonces.

Cuando su hermano la ayudó, Pam se inclinó hacia un lado, balanceando el pico hacia la roca prominente, pero lo hizo con tanta fuerza que su mano húmeda se escurrió entre los dedos de su hermano.

—¡Oh! —exclamó Pam, sin aliento.

El pico le dio a la roca un buen porrazo y la hizo saltar de la pared de piedra. Y entonces el enorme pedrusco, Pam y una lluvia de grava cayeron ladera abajo. La niña chocó contra una enorme piedra redonda y su caída se detuvo en medio de una nube de polvo. Tenía la cara sucia y varios rasguños en los brazos. Pete e Indy se plantaron a su lado en un abrir y cerrar de ojos.

—¡Pam! ¿Te has hecho daño? —gritó Pete.

—Estoy bien —respondió—, pero me temo que no soy muy buena exploradora.

Ricky voló como una flecha hacia el campamento y regresó con el botiquín que la señora Hollister les había metido en la mochila. Mientras Indy le desinfectaba a la niña los rasguños, Holly comentó:

—Pam, pareces un indio en pie de guerra.

Entretanto, Ricky recogió los pedazos de rocas que se habían desprendido y los metió en una de las bolsas. Después, él y Pete la cargaron a lomos de Domingo.

—Regresemos al embalse para limpiar bien las piedras —sugirió Holly.

Mientras las dos niñas tiraban de Domingo camino del embalse, los chicos e Indy se dedicaron a explorar la pared que estaba por debajo del castillo y las que quedaban a ambos lados. Como esa era la parte más antigua de la cantera, los acantilados estaban recubiertos de arbustos. Los exploradores no encontraron ninguna gruta o apertura en la que Sid Raff pudiera haberse ocultado.

—Eso no quiere decir que no haya ninguna —observó Pete—. Puede que se nos haya pasado por alto.

Cuando los chicos e Indy regresaron al campamento, las niñas ya estaban preparando la cena.

—Hemos lavado casi un millón de piedras —les contó Holly—, pero ninguna tenía vetas doradas. ¿Habéis encontrado el pasadizo secreto?

Pete negó con la cabeza y les preguntó a sus hermanas:

—¿Qué estáis preparando?

—Salchichas con gabardina —respondió Holly.

—¡Qué bien! —soltó Ricky, y enseguida se puso a recoger largas ramitas verdes mientras Pete e Indy se encargaban de encender el fuego.

Entretanto, las niñas vertieron el preparado para la masa en un cazo vacío y añadieron luego leche evaporada. Pam colocó las salchichas encima de las ramitas que había recogido Ricky y Holly envolvió cada pedazo de salchicha con la «gabardina» de masa.

Los hambrientos exploradores asaron las salchichas encima de las ascuas y, para beber, tomaron leche, que se había mantenido fresca gracias a la nevera en la que la habían llevado.

—¿Qué hay de postre? —preguntó Ricky.

—Ángeles a caballo —respondió Holly—. Os explicaré cómo debéis prepararlos.

La niña colocó cuatro cuadrados finos de chocolate en una galleta.

—Esto es el caballo —aclaró—. Y aquí está el ángel.

Entonces dejó caer encima una cucharada de merengue blanco tostado, y luego lo cubrió todo con otra galleta. Ricky le pegó un mordisco al sándwich y levantó la mirada hacia el cielo.

—Mmmm —dijo.

Para cuando lo tuvieron todo recogido, ya había empezado a oscurecer, y era noche cerrada cuando Pete apagó el fuego.

—¿Por qué has hecho eso? —le preguntó Ricky—. Quería asarme un poco más de merengue dentro de un rato.

—Es mejor vigilar la cantera a oscuras —le explicó su hermano mayor—. Si ese monstruo asoma la cabeza de nuevo, podremos verlo sin ser descubiertos.

Durante más de una hora, los excursionistas se quedaron sentados en silencio, escrutando el enorme agujero negro que los rodeaba. De repente, Pam señaló hacia arriba y los demás levantaron la mirada: una pequeña hoguera titilaba junto al Castillo de Roca y, mientras todos la contemplaban, empezó a volverse verde.

—¡Eh! —exclamó Ricky—. ¡Puede que sea el monstruo, que esté escupiendo llamaradas verdes!

—Vayamos a echar un vistazo más de cerca —sugirió Indy.

Los exploradores avanzaron pegados a la pared de la cantera con las linternas apagadas. De repente, oyeron un ruido creciente de grava cayendo por la ladera. Y entonces, el pino muerto empezó a inclinarse a la luz del fuego verde.

—¡Va a derrumbarse! —gritó Holly.

—¡Ahí va! —confirmó Pete—. ¡Vamos, corred!

CAPÍTULO 15

Una noche escalofriante

EL PINO CHOCÓ UNA Y OTRA VEZ CONTRA LA LADERA EN SU caída hacia la cantera. Mientras los niños e Indy se apartaban del camino a toda prisa, el árbol golpeó el suelo que tenían a sus espaldas e hizo descargar una lluvia de polvo y pequeñas ramas rotas.

—¡Pero bueno! —exclamó Ricky, levantando la mirada—. ¿Qué lo habrá hecho caer?

—La cuestión es —dijo Indy— por qué ha caído precisamente ahora.

Pam supuso que alguien estaba tratando de asustarlos.

—Hace falta algo más que un fuego verde y un árbol caído para alejarnos de la cantera del Castillo de Roca —advirtió Pete.

Con la ayuda de las linternas, encontraron el camino de vuelta hacia el campamento. Domingo seguía sujeto a la estaca, exactamente como lo habían dejado, y, al verlo, Pam se le abrazó al cuello. Los niños siguieron vigilando en la oscuridad durante una hora más. Al cabo de un rato, al ver que no ocurría nada, todos se metieron en sus sacos de dormir.

Holly y Pam se acostaron si decir una palabra, pero tenían los ojos abiertos de par en par y no paraban de pensar en esa misteriosa cantera.

—¿Estás dormida, Holly? —preguntó Pam en voz muy baja, envuelta en la oscuridad.

—No —susurró su hermana—. ¿Tienes miedo, Pam?

—La verdad es que no —respondió la mayor—. Pero, de noche, los ruidos de esta cantera parecen extraños y mucho más fuertes —se apresuró a añadir—. Juguemos a un juego; nos ayudará a conciliar el sueño.

—¿Qué tipo de juego?

—¿Por qué no nos imaginamos qué deben de ser esos ruidos tan raros? —sugirió Pam.

Las dos niñas se pusieron a escuchar en silencio y, al rato, una especie de gemido misterioso recorrió la cantera.

—¿Qué ha sido eso?

—El viento.

—Exacto. Eso mismo he pensado yo.

Luego oyeron un suave gorjeo en la distancia, y Holly susurró:

—Ranas.

Y, a continuación, hubo un ligero chapoteo que ambas niñas atribuyeron a algún pez que acababa de saltar en el embalse.

Holly dejó reposar la cabeza en la almohada y entrecerró los ojos. Un goteo llegó a sus oídos, pero estaba demasiado cansada como para imaginar qué era, y enseguida se quedó profundamente dormida. Al poco rato, Pam también se zambulló en el reino de los sueños.

En la tienda contigua, sin embargo, Pete seguía despierto. Esos sonidos insólitos le hacían pensar continuamente en los extraños acontecimientos que estaban ocurriendo allí. Se pasó un buen rato tratando de resolverlos y, de repente, oyó otro ruido en la distancia: tump, tump, tump.

—¡Eh! —se dijo—. ¿Qué ha sido eso?

El muchacho se arrastró fuera del saco de dormir y asomó la cabeza por la apertura de la tienda. Tump, tump, tump.

«¡La vieja bomba! —pensó—. ¡Está funcionando! Pero ¡Raff dijo que estaba estropeada! ¿Quién querría hacerla funcionar en plena noche?».

Indy roncaba plácidamente, así que Pete decidió no despertarlo y avisó a Ricky.

—Escucha eso —le susurró a su hermano al oído—. Vamos, acompáñame.

Ricky se contorsionó para salir fuera del saco de dormir y los dos hermanos se adentraron en la oscuridad, camino del embalse. La luna plateada iluminaba la cantera. A pesar de que la luz era tenue, resultaba suficiente para que los dos hermanos pudieran esquivar las rocas que se encontraban por el camino.

Cuando ya estaban cerca de la orilla del embalse, Pete susurró:

—Sí, es la vieja bomba.

Pero, de repente, cuando estaban casi junto al agua, el motor se detuvo. Todo estaba en silencio, nada se movía.

—Quizá no fuera la bomba —susurró Ricky.

—Lo descubriremos —respondió Pete mientras reemprendía cauteloso la marcha.

Los muchachos alcanzaron el árbol caído y, después de sortearlo como pudieron, prosiguieron el camino a lo largo de la estrecha lengua de tierra que se extendía entre el Castillo de Roca y el embalse. A la luz de la luna, distinguieron pequeñas olas en el agua.

—Ahí está la bomba —dijo Pete, encaminándose hacia allí.

Al colocarle la mano encima, descubrió que aún estaba caliente.

—¡Qué te había dicho! —exclamó Pete.

—Pero ¿quién querría bombear agua del embalse a estas horas?

—Alguien está tratando de asustarnos, Ricky... Lo mismo que cuando derribaron el árbol.

El pelirrojo se puso en pie con orgullo.

—A mí no van a asustarme —afirmó, con valentía, pero, de pronto, agarró el brazo de su hermano con fuerza y empezaron a castañearle los dientes.

Ricky no hacía más que señalar la superficie del estanque, que hasta entonces había estado en calma.

El agua había empezado a agitarse y a cubrirse de espuma a pocos metros de la orilla, y una forma negra y redonda emergió unos centímetros para volver a desaparecer en silencio en las profundidades del embalse.

—¡E... el monstruo!

Y entonces el eco de otra voz recorrió la cantera.

—¡Pete, Ricky! ¿Dónde estáis?

—¡Aquí, Indy! —gritó Pete.

En la distancia, la luz de una linterna se balanceaba arriba y abajo mientras Indy Roades corría hacia los dos muchachos.

—¡Hemos visto el monstruo! ¡Lo hemos visto! —gritó Ricky cuando su amigo estuvo cerca.

El hombre iluminó a Pete con la linterna y le preguntó si él también lo había visto.

—Sí, Indy, yo también lo he visto. En este embalse hay algo... una serpiente de agua gigante o algún pez raro.

Los tres regresaron a las tiendas, donde las niñas los esperaban despiertas. Pam y Holly escucharon completamente sobrecogidas la historia que les contaron sus hermanos.

—¡¿Y si ese monstruo se nos come?! —exclamó Holly—. Estoy asustada.

Indy también opinaba que la experiencia que habían vivido había sido aterradora y les sugirió recoger el campamento y regresar a Shoreham.

—Es la policía quien debería ocuparse de este asunto —dijo—. Deberían abrir una investigación.

—A mí me gustaría quedarme y resolver el misterio —manifestó Pete, muy tranquilo—. Contigo estaremos a salvo, Indy.

—Yo estoy de acuerdo con Pete —resolvió Pam, sin atisbo de duda.

—Y yo —decidió Holly—. Soy una auténtica detective.

De pronto, el rostro de preocupación de Ricky se iluminó con una amplia sonrisa que, bajo la luz de la linterna, aún lo pareció más.

—Yo también me quedo —concluyó—. Espero que esta valentía no sea fruto del hambre.

Pam se echó a reír.

—¿Qué os parece si probamos ese pastel de chocolate que mamá nos había reservado para mañana?

Indy le echó un vistazo a su reloj de pulsera y anunció que ya era mañana. Dicho eso, Pam no dudó en sacar el pastel de chocolate de tres capas de la caja en la que su madre lo había guardado. En cuanto todos los niños se hubieron zampado un buen pedazo, Holly dijo:

—Pobre Domingo... Él también debe de estar hambriento...

—Toma. Dale un poco —decidió Pam, y puso un trozo de pastel en las manos de su hermana.

La niña desapareció en la oscuridad, camino del lugar donde habían atado al burro.

—Domingo, ¿dónde estás? —dijo Holly, buscándolo con la mirada bajo la tenue luz de la luna.

El burro había desaparecido.

—¡Venid todos! —gritó Holly—. ¡Domingo se ha escapado!

Los demás acudieron corriendo e Indy iluminó con la linterna el lugar donde había clavado la estaca en la que luego sujetaron al burro. El pedazo de madera aún estaba allí.

—Domingo no ha podido escaparse solo —concluyó Indy—. Alguien lo ha desatado.

—Oh, Dios mío —suspiró Pam—. Hay alguien merodeando por aquí. ¿Qué vamos a hacer?

—Pues atraparlo —respondió Pete, indignado.

Indy estuvo de acuerdo con la sugerencia.

—Habrá que resolver esto tarde o temprano, ¡así que lo mejor será empezar ahora mismo!

Mientras las cinco luces de las linternas se agitaban en el suelo, Indy se inclinaba hacia delante tratando de seguir las huellas que había dejado el burro.

—Se dirigen hacia el exterior de la cantera —observó Pete.

—Qué raro —opinó Pam—. Si lo que quieren esos merodeadores es tratar de asustarnos, ¿por qué no quedarse por aquí?

—Me extraña que Domingo no haya rebuznado para

avisarnos de que lo estaban raptando —dijo Ricky cuando ya se acercaban a la abertura que conducía fuera de la cantera.

—Quien se haya llevado a Domingo ha ido en línea recta —dijo Indy— y, a juzgar por las huellas que ha dejado, iba bastante deprisa.

—¡Chist! —atajó Pam de pronto—. He oído algo.

Todos se detuvieron a escuchar: se oían voces en la distancia.

—¡Vamos, bicho tonto!

—¡No te pares ahora! ¡Date prisa!

Pete susurró:

—Son los ladrones. Vamos a atraparlos, Indy.

El indio se agazapó y, caminando de puntillas, condujo a los Hollister al otro lado de unos arbustos y unas rocas para evitar ser vistos. Y entonces, de repente, dijo:

—¡Mirad eso!

Justo delante de sus narices, en la penumbra, se adivinaba la silueta difusa de un burro que llevaba dos personas a cuestas. Una de ellas se bajó y la otra la siguió.

—¿Y si nos echamos encima? —susurró Pete.

—¡Ahora! —respondió Indy.

Entre alaridos y gritos de guerra, los Hollister corrieron hacia Domingo. Por un instante, los secuestradores del animal se quedaron petrificados por la sorpresa, pero luego echaron a correr y desaparecieron en la oscuridad.

Pam y Holly se montaron a lomos de Domingo.

—Pobrecito mío —le dijo Pam con cariño.

—No íbamos a dejar que esos hombres se te llevaran —lo tranquilizó Holly, acariciándole las orejas.

Domingo levantó entonces la cabeza y rebuznó tan fuerte que su voz resonó en la noche silenciosa.

Pete, Ricky e Indy, sin embargo, no se detuvieron. La luz de sus linternas acuchillaba la oscuridad del camino: eran como luciérnagas gigantes persiguiendo a los fugitivos. Poco después, Indy se paró y atrajo a Pete y a Ricky hacia él.

—¿Veis esa roca? —dijo—. Esos tipos se han escondido detrás. Seguro que están sin aliento, asustados.

—¡Uau! —dijo Ricky—. ¡Si los pillamos ahora, habremos resuelto el misterio de la cantera!

Indy se colocó las manos junto a los labios, a modo de altavoz, y gritó:

—¡Seáis quienes seáis, salid!

Un ligero crujido surgió de detrás de la roca y dos figuras aparecieron ante ellos. Cuando Pete las iluminó con su linterna, se quedó sin aliento.

¡Eran Joey Brill y Will Wilson!

CAPÍTULO 16

Un eco extraño

Joey y Will se quedaron allí de pie, asustados y temblorosos, bajo la luz de las linternas.

—Dejadnos marchar —suplicó Joey con voz temblorosa—. ¡Queremos irnos a casa!

—Supongo que por eso os habéis llevado a Domingo —dijo Pam—. ¡Debería daros vergüenza!

—Pues sí, nos lo hemos llevado exactamente por eso —respondió Will—; ¡para salir lo antes posible de este lugar!

Cuando les pidieron que se explicaran, Joey y Will dijeron que habían oído hablar a Dave Mead acerca de la acampada de los Hollister.

—Y también decidimos venir —musitó Joey.

—Supongo que para fastidiarnos —dijo Ricky cuando los Hollister se apiñaron alrededor de los abochornados gamberros.

—Queríamos lanzar nuestro... vuestro paracaídas por el acantilado —confesó Will.

Y añadió que su padre los había acompañado a la cantera del Castillo de Roca a primera hora de esa tarde, y habían plantado sus tiendas allí cerca.

—Hemos subido sigilosamente para espiar lo que estabais haciendo —prosiguió Joey— y hemos visto a Ricky y a Pete, que se dirigían hacia el embalse.

—¡Y entonces ha aparecido! —dijo Will con un escalofrío.

—¡Uh...! ¡Esa cosa en el agua! —exclamó Joey—. No podíamos salir de ahí lo bastante deprisa, así que nos hemos llevado a Domingo. No queríamos robarlo, de verdad.

—¿No habéis echado abajo ese árbol, ni habéis puesto en marcha la bomba? —interrogó Pam.

Joey y Will negaron haber hecho tanto una cosa como la otra.

—Lo único que queríamos era irnos a casa —insistió Joey—. Este sitio da demasiado miedo.

—Está bien —contestó Pete—. ¿Dónde tenéis vuestro campamento?

Joey y Will los condujeron hasta un lugar cercano donde había dos tiendas junto a un roble.

—Creo que han dicho la verdad —le dijo Pam a Pete, aparte.

—No dejarás que ese monstruo se nos lleve, ¿verdad, Indy? —le imploró Will.

—Aquí estaréis a salvo —les aseguró el indio.

—Entonces nos quedaremos hasta mañana por la mañana —dijo Joey, aliviado—, y luego regresaremos a Shoreham haciendo autoestop.

Los Hollister se despidieron y, mientras volvían al campamento con Domingo, Pam soltó una risita y dijo:

—Si os parecía que nosotros estábamos asustados, ¿qué me decís de Joey y Will?

—Esos fisgones estaban petrificados —opinó Pete.

A la mañana siguiente, un delicioso aroma de bacón friéndose despertó a los cuatro hermanos.

—El desayuno está listo —anunció Indy—. ¡Venid a comer!

El menú incluía huevos revueltos, bacón y tostadas hechas al fuego. Pam sirvió la leche que guardaban en la nevera portátil. En cuanto acabaron, los chicos e Indy se encargaron de apagar bien el fuego.

—Antes de salir a explorar la cantera —dijo Pete—, creo que deberíamos investigar lo del fuego verde y lo del árbol.

—Nos llevaremos un saco —propuso Pam—, por si encontramos algo que tenga aspecto de titanio.

Después de atar a Domingo junto al campamento, los niños e Indy se dirigieron hacia el pino caído. Mientras Ricky, Holly e Indy examinaban el árbol muerto, Pete y Pam pasaron por encima y tomaron el sendero que conducía hasta lo alto de la cantera.

Al cabo de unos pocos minutos, encontraron los restos del fuego y examinaron con detalle los pedazos carbonizados de madera.

—Mirad —observó Pete—. Por aquí hay esparcido un polvo blanco. Tal vez fuera esto lo que le diera un color verde al fuego.

El muchacho recogió un pedazo de madera que tenía el extremo cubierto de polvo blanco y lo envolvió con un pañuelo. Luego él y Pam se encaminaron hacia donde estaba el pino.

Parte del acantilado se había venido abajo cuando el árbol había caído. Los niños examinaron el lugar, pero no encontraron huellas.

—Por supuesto, podría haber sido un accidente —dijo Pete, poco convencido—. Al fin y al cabo, el árbol estaba justo en el borde.

Pero cuando él y Pam se reunieron con los demás a los pies del acantilado, Indy aseguró:

—Alguien empujó ese pino. Fijaos en esto.

Y les señaló las marcas recientes de una palanca en la base del tronco.

—Y alguien empleó algún producto químico para crear ese terrorífico fuego verde —explicó Pete con el dedo extendido hacia una huella.

—Tal vez Ralston o Raff estén detrás de todo esto —supuso Ricky—. No parecen muy amistosos.

—Quizá también estén buscando titanio —conjeturó Pete— y no quieren que nosotros lo encontremos.

Pam no estaba segura de esa deducción.

—No es justo que los acusemos a ellos —dijo—. No tenemos pruebas. Vamos, sigamos con nuestra exploración: tal vez encontremos pistas para resolver todos nuestros misterios.

Ricky se caló el sombrero de fieltro hasta las cejas y anunció que estaba listo.

Pete se quedó plantado con las manos en las caderas, escrutando los acantilados amarillentos, y sugirió caminar hasta el otro extremo de la cantera, donde se encontraba la vieja construcción de madera; según podía ver, esa área estaba seca y cubierta de guijarros. Antes, sin embargo, los exploradores se detuvieron en su campamento para recoger a Domingo, así como las cuerdas y las herramientas.

Ricky aprovechó para meterse un rollo de sedal en el bolsillo, por si acababan rodeando la cantera y se detenían de nuevo en el embalse.

«Incluso puede que atrapemos el monstruo —pensó el muchacho—. Pero en realidad espero que no...».

El grupo se puso en camino con Pete a la cabeza. No tardaron en cruzar una estrecha franja de tierra oscura y empapada que, según supuso Pam, humedecía una fuente subterránea.

Cuando el sol alcanzó más altura, el borde de la cantera se dibujó con claridad contra el cielo azul. Holly levantó entonces la mirada hacia el Castillo de Roca y se sorprendió al ver a Ralston observándolos.

—¡Hola! —le gritó alegremente, agitando los brazos con fuerza.

El hombre le devolvió el saludo levantando la mano y caminó a lo largo del borde del acantilado, mirando hacia abajo, como si tratase de localizar algo.

—Hoy parece bastante afable —comentó Pete—. Tal vez tengas razón, Pam. Quizá sea inocente.

Mientras Ricky seguía describiendo un círculo alrededor de la cantera, como un perro de caza, Pete se movía en línea recta, tirando de Domingo. El saco que el burro llevaba a cuestas era cada vez más pesado: los niños no paraban de llenarlo de piedras. El mayor de los Hollister se dispuso a recoger otra muestra y, de pronto, se puso de rodillas y les hizo a los demás un gesto con la mano.

—¡Mirad! —les gritó—. Aquí hay huellas. Un montón de huellas. ¡Fíjate en estas, Indy!

El indio y los jóvenes exploradores se acercaron con cuidado, para no estropear las huellas que Pete había encontrado. Parecía que habían arrastrado algo por el terreno arenoso y el suelo estaba muy pisoteado.

—El embalse y los botes quedan lejos —observó Pam—. Me pregunto qué estarían haciendo aquí.

—Tal vez fueran visitantes, como nosotros —supuso Holly—. Quizás estuvieran jugando.

Pete estaba tan interesado en su hallazgo que se olvidó de recoger rocas durante un buen rato. Estaba decidido a descubrir adónde conducían esas huellas. Algunas iban hacia la pared de la cantera, donde desaparecían bajo un montón de maleza seca.

«Es curioso», pensó el muchacho, y llamó a los demás para que acudieran.

—¿Cómo te explicas esto, Indy? —le preguntó Pete.

El indio recogió una de las ramas y levantó la mirada hacia lo alto del acantilado.

—Tal vez esta maleza cayera aquí hace un tiempo —dijo—, pero también cabe la posibilidad de que esté ocultando algo.

—Vamos, movámoslo —sugirió Ricky.

Después de que todos tiraran con fuerza, el matorral seco se desplazó hacia un lado y desveló una pequeña hendidura en la roca.

—¡Parece un pasadizo! —exclamó Indy.

—Pero apenas es lo bastante ancho para poder pasar a través —observó Pete.

—Si inspiro con fuerza, tal vez pueda meterme —dijo Ricky.

Indy Roades extrajo su linterna de la bolsa de material que Domingo llevaba a cuestas y los exploradores fueron desapareciendo uno a uno por la brecha que habían descubierto en la roca. Domingo parecía decepcionado de no poder acompañarlos, pero se quedó en silencio junto al matorral.

Los aventureros fueron avanzando con Ricky a la cabeza. De repente, el pasaje se abrió para dar paso a una sala.

—¡Oh, mirad! —exclamó Ricky mientras Indy paseaba el haz de su linterna por el lugar—. Esto parece un... ¡una oficina meteorológica!

Una de las paredes estaba cubierta de mapas de vientos y, justo debajo, había una caja llena de instrumentos de medición. También había ristras de luces de colores, una pila de paracaídas, un montón de globos sin hinchar y varios tanques de gas para hincharlos.

—¡Vaya! —exclamó Pete—. Aquí es donde el señor Link debe de trabajar con su invento.

—Pero ¿dónde está ahora? —se preguntó Holly.

—Y ¿por qué no va a recoger su correo? —quiso saber Pete.

—Tanto el señor Kinder como el señor Link están relacionados con esta cantera —dijo Pam, preocupada—, y los dos han desaparecido.

Indy se puso a examinar ansiosamente la sala de roca mientras los niños tenían escalofríos.

—Tal vez el monstruo se los haya llevado —susurró Ricky.

Pam les recordó que el señor Anthony les había dicho que su amigo vivía en el mismo lugar en el que trabajaba en su invento.

—Si es así, el señor Link debe de tener su dormitorio en otra cueva —razonó la niña.

Tratando de no dejar rastro en el escondite que habían encontrado, los exploradores regresaron en fila india y se reunieron con Domingo, que esperaba pacientemente.

—Formemos varios equipos de búsqueda —sugirió Pete—. Creo que es más importante encontrar al señor Link que proseguir con la exploración de la cantera. Puede que necesite ayuda.

Indy coincidía con él.

—Busquemos durante una hora. Luego reunámonos en el campamento para decidir cuál será el siguiente paso.

Ricky y Holly se ofrecieron a subir hasta el Castillo de Roca y examinar los alrededores; desde esa altura, tal vez pudieran localizar otra cueva.

—Pero tened cuidado —les advirtió Pam.

Ella y Pete se fueron en otra dirección, con Domingo, e Indy decidió buscar en el otro lado de la cantera, detrás de la destartalada construcción.

Los dos hermanos más jóvenes fueron subiendo ese empinado y pedregoso sendero cogidos de la mano. Después de llegar a la cima, entraron en el torreón y miraron por la ventana que se abría en la roca. Estuvieron un buen rato escrutando los acantilados, pero no vieron a ningún extraño... Ni siquiera a Ralston.

Ricky miró en otra dirección y sus ojos tropezaron con una roca enorme, la misma que Sue había usado de trono el día del picnic. Y volvió a sentir el impulso de levantarla. Esta vez contaba con un ayudante tan curioso como él.

—Creo que esa roca está plantada encima de un agujero o algo así —declaró el pelirrojo—. Vamos, échame una mano.

A pesar de que los niños empujaron la roca con todas sus fuerzas, el pedrusco no se movió. Pero Ricky no estaba dispuesto a abandonar tan fácilmente. Después de salir corriendo hacia el bosque, regresó con un palo espigado, pero resistente, e introdujo uno de sus extremos debajo de la piedra.

—¡Mira, Holly! —dijo, emocionado—, ¡se está moviendo!

La pesada roca se balanceó lo suficiente como para que los niños pudieran meter los dedos debajo y agarrarla mejor. Volvieron a tirar con fuerza y, esta vez, la roca rodó hacia un lado.

Debajo había un agujero lo bastante ancho como para que una persona pudiera entrar, un agujero que se hundía bajo tierra.

—¡Un túnel! —exclamó Ricky—. ¡Uau! ¡Me encantan los túneles, porque hacen eco!

Se estiraron boca abajo en el suelo, todo lo largos que eran, y se pusieron a gritar con la cabeza metida en ese agujero negro. El eco no se oyó enseguida, pero, al cabo de unos segundos, un sonido apagado llegó a sus oídos.

—Qué eco más raro —observó Holly—. No había oído nunca ninguno así. Déjame probar a mí otra vez.

La niña gritó acercándose al agujero y escuchó con

atención. Silencio. Al cabo de un rato, un curioso gemido llegó a sus oídos.

Ricky se rascó la cabeza y arrugó la nariz.

—Esto debe de ser muy muy profundo. —Y, tras chasquear los dedos, añadió—: ¡Eh, tal vez conduzca a un río subterráneo cargado de peces!

—No seas tonto —dijo Holly—. Ahí dentro está tan oscuro que los peces no podrían ver por dónde nadan.

Pero Ricky no estaba dispuesto a dejarse disuadir y no dudó en sacarse del bolsillo el enorme ovillo de hilo de pescar. A un extremo del sedal había un pedacito de plomo y un anzuelo metido en un corcho. Ricky retiró el corcho y dejó que el sedal fuera cayendo por el agujero.

Holly abría los ojos como platos, asombrada, mientras el sedal caía cada vez a mayor profundidad. Ricky

lo zarandeaba ligeramente y notaba que el plomo iba golpeando las paredes de ese pozo interminable.

Cuando el plomo llegó al fondo, Ricky zarandeó el sedal de nuevo y dijo:

—Vamos, pececitos, morded el anzuelo.

—Pero ¡si ni siquiera le has puesto un triste gusano! —exclamó Holly, entre risas.

De repente, Ricky se quedó sin aliento.

—¡Holly! —gritó—. Algo está tirando del sedal.

CAPÍTULO 17

Exploradores osados

Hubo otro tirón. Este fue tan fuerte que a Ricky casi se le escapó el hilo de pescar de las manos.

—¡Recoge el sedal! —gritó Holly—. Ha picado uno de los gordos.

El muchacho pelirrojo fue tirando una y otra vez del hilo que se perdía en el interior del agujero, pero lo cierto es que no pesaba nada... Entonces apareció el anzuelo, pero el plomo del final del sedal no estaba. ¡Había desaparecido!

—¿Por qué iba un pez a llevarse el plomo y dejar el anzuelo? —se preguntó Ricky, visiblemente perplejo.

A Holly también le pareció raro y sugirió que lo mejor sería bajar a la cantera cuanto antes y contárselo a Indy y a los demás. Ricky volvió a clavar el anzuelo en el corcho y se metió el de hilo en el bolsillo. Luego los dos hermanos salieron corriendo del torreón y bajaron a toda prisa por el sendero que moría a los pies de la cantera.

—¡Indy! ¡Pete! ¡Pam! —gritaron los niños agitando los brazos.

—¿Qué ha ocurrido? ¿Qué habéis encontrado? —les preguntó Pam con impaciencia mientras corría hacia ellos junto a su hermano Pete.

Holly enseguida les explicó lo ocurrido y, al cabo de un rato, cuando Indy se unió a ellos, Ricky lo puso también al corriente.

—Quizá la pieza de plomo se haya enganchado con algo y haya acabado soltándose —supuso el indio.

—Algo ha tirado de él —insistió Ricky—. ¡De verdad que sí! ¡Vamos, venid! Os lo enseñaremos.

Los dos niños emprendieron la marcha seguidos por los demás, mientras Pete tiraba de las riendas de Domingo.

Después de llegar a la cima del Castillo de Roca, los exploradores se quedaron contemplando el agujero que los más pequeños de los Hollister habían descubierto.

—Alguien debía de saber de la existencia de este agujero —opinó Pete—. De lo contrario, no lo habrían cubierto con una roca.

Indy creía que tal vez lo habían tapado para evitar que algún excursionista despistado acabara cayendo dentro de esa fuente natural.

—Ya veréis el eco que se oye —dijo Ricky.

El muchacho se puso en cuclillas y gritó su nombre

acercando la cabeza al agujero negro. El chico sonrió y esperó a que se produjera el eco, pero no se oyó nada. Luego lo intentó Holly, con el mismo resultado decepcionante.

—Antes se oía un eco —aseguró la niña.

Mientras los dos hermanos pequeños seguían gritándole al pozo, Pete le hizo señas a Pam para que se reuniera con él aparte.

—Pam, creo que hay alguien ahí abajo.

Le recordó a su hermana que Sid Raff había desaparecido como por arte de magia cerca de la vieja bomba. Tal vez el hombre había encontrado una grieta oculta, como la que conducía a la cueva de los globos de Link, pensó Pete.

—¿Quieres decir que este agujero podría conectar con una cueva? —preguntó Pam, levantando las cejas.

—Podría ser —repuso Pete—. Escucha, Pam, tengo un plan.

Luego levantó la voz y prosiguió:

—Indy, me gustaría bajar por ese agujero con Pam. Creemos que podría conducir a una cueva secreta. Y, ¿quién sabe?, quizás el señor Link esté allí. ¿Tenemos una cuerda resistente?

—Debajo del asiento de la camioneta —respondió Indy—. Pero esta idea es muy peligrosa. No creo que deba permitíroslo, Pete.

—Iré con cuidado —prometió el muchacho, mientras Ricky salía corriendo a buscar la cuerda.

Pete sugirió que Indy le anudara un extremo de la cuerda a la cintura y que le atara el otro al burro.

—Con la ayuda de Domingo, será fácil sacarme de ahí en caso de que me quede atascado.

—Quiero bajar contigo —declaró Pam.

Cuando Ricky regresó con la cuerda, él y Holly pidieron a gritos participar en esa aventura, pero su hermano respondió:

—A vosotros os tengo reservado un trabajo más importante.

Los muchachos debían volver a la base de la cantera y examinar la pared de arbustos que se elevaba junto a la vieja bomba.

—A ver si podéis encontrar alguna hendidura en la roca —les dijo Pete—. Y, si la encontráis, acercaos a ella y gritad tan fuerte como podáis. Si Pam y yo estamos ahí abajo, puede que os oigamos y acabemos localizando la entrada de la cueva desde donde estéis.

Ricky y Holly se dispusieron a bajar el sendero, entusiasmados. Cuando se hubieron alejado, Indy decidió que iba a ser él quien explorara el túnel del Castillo de Roca.

—Si nos ocurre algo, tú puedes venir a buscarnos —argumentó Pete.

Y luego observó que, como tanto Pam como él eran más menudos, el descenso resultaría más fácil.

Al final, Indy consintió. Mientras se aseguraba de anudarle debidamente la cuerda a la cintura, Pete se sujetó la linterna al cinturón. Luego se pusieron de acuerdo en las señales que se mandarían a través de la cuerda.

Un tirón significaría «que baje Pam»; dos, «voy a echar un vistazo»; y tres tirones serían la señal para que los sacara de allí.

En cuanto hubo atado el otro extremo de la cuerda alrededor de Domingo, Indy dejó que Pete se metiera en el agujero y fue soltando cuerda poco a poco, con los músculos de los brazos hinchados.

—Ten cuidado —le aconsejó Indy cuando Pete desapareció bajo tierra.

Al cabo de poco rato, la tensa cuerda se aflojó.

—Pete debe de haber llegado abajo —dijo Pam acercando el oído al agujero.

Se oían sonidos apagados que parecían la voz de Pete, pero la muchacha no estaba segura.

De repente, la cuerda se tensó una vez. «Que baje Pam», significaba. Indy tiró de la cuerda y se la ató a Pam mientras la niña cogía una linterna. Cuando la mayor de los Hollister llegó al fondo, Indy notó dos tirones. ¡Iban a explorar la zona! El indio les deseó suerte en silencio y esperó que estuvieran a salvo.

Mientras, a varios metros bajo tierra, Pete y Pam paseaban el haz de luz de sus linternas por el túnel de roca en el que se encontraban.

—Esto es una cueva natural —dijo Pete, y empezó a andar por el gélido pasadizo.

—¿Adónde conducirá? —preguntó su hermana, y su voz rebotó en esas paredes frías y húmedas, hacia delante y hacia atrás.

Mientras avanzaban lentamente, Pete se fue formando una imagen mental del recorrido de ese túnel sombrío para luego poder encontrar el camino de vuelta. Todo estaba en silencio, excepto por el agua que goteaba por la pared de la roca. No se oía ni a Ricky ni a Holly. Tal vez, pensó Pete, sus hermanos pequeños no habían logrado encontrar ninguna entrada exterior.

—¡Mira! —exclamó Pam cuando su linterna iluminó una grieta en el lado derecho del túnel—. Podría meterme por aquí —dijo, acercando la luz al interior del desvío.

Pete sugirió proseguir en línea recta, y su sugerencia tuvo su recompensa: al cabo de unos tres metros, el pasillo se hizo mucho más bajo y tuvieron que romper por una esquina.

Desde la oscuridad, alguien gritó:

—¿Quién anda ahí?

Y otra voz dijo débilmente:

—¡Estamos salvados!

De repente, Pete y Pam se dieron cuenta, con el corazón desbocado, de que se encontraban en una cueva cuyo acceso parecía cerrado por un montón de rocas. En el fondo había sentados dos hombres, protegiéndose los ojos de la luz brillante de las linternas.

—¡Señor Kinder! —gritó Pete.

—¿Es usted, señor Kinder? —preguntó Pam.

El hombre, que tenía unos bigotes muy crecidos, respondió:

—Sí, soy yo, pero no vemos nada. La luz nos está cegando.

Pete y Pam colocaron un pañuelo delante de la lente de sus linternas, y un suave resplandor iluminó la cámara de piedra. Luego se apresuraron a acercarse a los dos hombres.

—Este es el señor Elmer Link —dijo el señor Kinder, y presentó a los Hollister a un hombrecillo delgado con un crecido bigote gris.

—¡El meteorólogo aficionado! —exclamó Pete—. ¿Por qué están encerrados aquí?

—Un desprendimiento de rocas selló la entrada —explicó el señor Link, jadeante.

Y, a continuación, les dijo que él y el señor Kinder eran viejos amigos y que hacía años que sabían de la existencia de las curiosas cuevas de la cantera.

—Así que cuando quería hacer algún experimento secreto —añadió el señor Link—, venía aquí para estar solo. Soltaba mis globos por la noche, desde el centro de la cantera. El laboratorio lo tengo instalado en otra cueva, pero aquí era donde vivía.

Los niños echaron un vistazo. El lugar estaba bien provisto de comida enlatada y botellas de agua, y disponía de un catre y una mesa.

—Vine aquí a ver a Elmer el día que me hicisteis la

visita —les dijo el señor Kinder a los niños—. Esa noche se produjo un desprendimiento y nos quedamos atrapados.

—¿Erais vosotros los de los gritos? —preguntó el señor Link.

Pete les habló entonces de Ricky, Holly y su «eco».

—Mientras estábamos examinando el agujero, hemos oído los gritos de los niños —explicó el señor Kinder—. He tratado de gritar todo lo que he podido, pero justo entonces se me ha acabado la pila de la linterna y he tenido que ir a buscar la de Elmer.

—Y yo he seguido desgañitándome —dijo el señor Link débilmente—, pero me temo que no lo he hecho lo bastante fuerte.

—El túnel describe curvas —arguyó Pete—, y creo que amortigua el sonido.

—Ni siquiera la potente voz de Pete era del todo audible —les contó Pam.

—Sea como sea, cuando he oído que algo bajaba golpeando las paredes del túnel, lo he agarrado y me he quedado con el plomo de pescar en las manos.

—Cuando he regresado, he gritado una y otra vez —dijo el señor Kinder—, pero supongo que ya os habíais ido.

—Y entonces hemos vuelto aquí, con la esperanza de que alguien viniera a rescatarnos —concluyó el señor Link.

Los dos niños condujeron a los hombres por el túnel y, cuando llegaron al lugar donde colgaba la cuerda, Pete la ató al viejo buscador de piedras y pegó tres tirones.

Los pies del hombre se levantaron del suelo y fueron subiendo por ese pozo oscuro, arriba, más arriba, hasta que el hombre alcanzó la superficie.

Los niños oyeron entonces los gritos de asombro de Indy.

—Esperaba que fuera yo —dijo Pam con una risa—. ¡Y se ha encontrado con un hombre bigotudo!

Cuando la cuerda volvió a bajar, Pete sujetó con ella al señor Link. Después de tres tirones, el espigado inventor fue arrastrado hasta arriba.

En cuanto Pam se disponía a subir, los dos hermanos oyeron unos gritos lejanos.

—¡Son Holly y Ricky! —exclamó Pete—. Deben de haber encontrado un camino que conduce hasta aquí.

El muchacho mandó de nuevo la señal que indicaba que iba a echar un vistazo, y Pam y él volvieron sobre sus pasos a lo largo del túnel. El sonido parecía proceder de la grieta que Pam había visto antes.

—¡Holly! ¡Ricky! ¡Estamos aquí! ¡Esperadnos! —les gritó Pete.

Los dos hermanos se metieron como pudieron por ese paso estrecho y, de pronto, se encontraron en una cueva altísima, iluminada por pálidos rayos de luz que se filtraban desde arriba.

Pete y Pam siguieron llamando a sus hermanos y, a

cada paso que daban, oían la respuesta de Ricky y Holly con más claridad.

—¡Mira! ¡Están ahí! —exclamó Pete, al ver aparecer a sus hermanos más pequeños por la angosta grieta de la pared opuesta. Y añadió—: Estaba convencido de que tenía que haber una salida afuera.

—La hemos encontrado —anunció Ricky, orgulloso—. Era una apertura pequeña y hemos tenido que cruzarla de rodillas.

Holly paseó la mirada por la cueva abovedada.

—Este lugar da miedo —dijo—. Vamos, Pam, vayamos a contárselo todo a los demás.

Cuando se disponían a tomar la salida que conducía al acantilado de la cantera, los cuatro hermanos oyeron un chapoteo a sus espaldas. Todos se volvieron al instante y Pete iluminó la penumbra con su linterna. El haz de luz permitió descubrir un pequeño estanque de la medida de un barril en medio del suelo rocoso.

De pronto, una cabeza extraña y de ojos saltones emergió del agua y una figura negra salió del estanque y se quedó plantada delante de ellos.

CAPÍTULO 18

No hay mal que por bien no venga

Cuando la figura vestida de negro se les acercó unos pocos pasos, Holly gritó:

—Oh, es el monstr...

—¡No, no lo es! —atajó Pete, enfadado—. Es un hombre con un traje de buceo. E intenta asustarnos. ¡Eh, Indy Roades! ¡Aquí está el hombre que andábamos buscando!

Al oír eso, el submarinista se volvió, cruzó tambaleándose la cueva con las aletas en los pies y, después de saltar al estanque, desapareció bajo el agua oscura.

—¡Oh, Pete! —exclamó Pam—. ¡Tu truco nos ha salvado!

—¡Ahora tenemos que capturarlo! —respondió su hermano y, volviéndose hacia Ricky y Holly, añadió—: Enseñadnos por dónde habéis llegado hasta aquí. Tengo la corazonada de que ese hombre no tardará en aparecer en el embalse de la cantera.

Ricky se introdujo en la hendidura y recorrió un pasadizo estrecho y anguloso mientras los demás lo seguían de cerca. Después de zigzaguear durante unos pocos minutos, vieron la luz del día y salieron gateando afuera a través de una pequeña abertura de la pared del acantilado. Luego, tras rodear un tupido muro de matorrales, fueron a parar a un lugar cercano a la vieja bomba.

En cuanto se acostumbraron a la luz del sol, vieron que se estaban formando ondas en medio del embalse. Y entonces la misma cabeza negra apareció en la superficie y el hombre del traje nadó a toda prisa hacia la orilla, justo debajo del Castillo de Roca.

—¡Pam! ¡Holly! ¡Id a buscar ayuda! —ordenó Pete—. ¡Traed a Indy! ¡Ricky y yo trataremos de detener al hombre del traje!

Mientras las niñas se apartaban del acantilado y llamaban a Indy a voz en grito, los muchachos corrían hacia la figura del traje de buceo negro, que ya había salido del embalse. El hombre se quitó la botella de oxígeno y se sacó las gafas de la cara.

—¡Es Ralston! —gritó Pete—. Él es el hombre misterioso que ha estado tratando de asustarnos.

El buceador recorrió torpemente la estrecha lengua de tierra que separaba el Castillo de Roca del estanque. Al verse atrapado por el árbol caído, se volvió y empezó a correr en dirección opuesta, pero los Hollister interrumpieron su huida en el otro extremo del estrecho tramo de tierra.

Pete y Ricky oyeron gritos y, cuando se dieron la vuelta, vieron a Indy bajando a toda prisa por el empinado sendero, seguido del señor Kinder y su amigo Link.

Al ver que llegaban refuerzos, Ralston se detuvo y, tras levantar un momento la mirada hacia el Castillo de Roca, se sacó las aletas de una patada. Cuando Pete y Ricky apretaron el paso para atraparlo, el hombre pegó un salto y empezó a escalar la empinada pared de roca.

—Está bastante desesperado por huir —observó Pete desde los pies del acantilado, mientras contemplaba junto a su hermano la desgarbada figura que se agarraba con fuerza a los pequeños salientes de la roca.

—No lo conseguirá —predijo Ricky.

Con un grito repentino, el escalador perdió pie, se desprendió de la pared rocosa y, después de volar por encima de las cabezas de los chicos, fue a caer de espaldas en el embalse.

Una vez en el agua, el buceador no nadó hacia la orilla. Se quedó inmóvil por un momento y empezó a hundirse bajo la superficie.

—¡Ha perdido el conocimiento! —gritó Pete.

Él y Ricky se quitaron rápidamente los zapatos y, sin dudarlo ni un segundo, se arrojaron al agua en busca del inconsciente Ralston. Justo cuando los tres hombres, Pam y Holly llegaban al lugar, Pete y su hermano lo estaban llevando hacia la orilla.

Indy ayudó al buceador a quitarse el traje y, cuando Pam le frotó las muñecas, Ralston abrió los ojos.

—Tienes que responder algunas preguntas —le dijo el señor Kinder severamente—. ¿Se puede saber qué has estado tramando en mi cantera?

—Y ¿está metido Sid Raff en esto? —quiso saber Pam.

—¿Dónde está? —le preguntó Pete al hombre, que aún estaba medio inconsciente—. ¿Se oculta también en una de las cuevas?

Ralston negó con la cabeza y señaló débilmente hacia el otro lado de la cantera, donde una tímida bocanada de polvo se escapaba de la destartalada construcción.

—¡Vaya! ¡Se está escondiendo ahí! —declaró Ricky—. ¡Deprisa! ¡Vayamos a por él!

Indy, Ricky y Pete dejaron a sus dos hermanas y a los señores Link y Kinder vigilando al prisionero, y corrieron cantera a través. Al llegar a la puerta de la vieja edificación, Sid Raff salió enseguida, cargado con una enorme caja de cartón. Cuando Indy Roades le echó el guante, el hombre dejó caer la caja, y todas las piedras que contenía rodaron por el suelo.

—Tenemos a tu amigo Ralston, ¡y también te queremos a ti! —aseguró Indy con voz autoritaria—. ¡Ahora mismo vas a decirnos en qué chanchullo estáis metidos!

—No ha sido culpa mía. ¡Yo no he hecho nada! —protestó Sid Raff.

—¡Esta caja estaba llena de titanio! —exclamó Ricky, recogiendo algunas de las piedras veteadas de dorado.

—Nos dijisteis que por aquí no había —protestó Pete.

—Ralston no quiere que nadie lo sepa —replicó Raff—. Estabais empezando a curiosear demasiado. Por eso me dijo que retirara estas muestras de la cantera. Fue todo idea suya —añadió mientras los dos muchachos e Indy lo conducían hacia el embalse, donde los demás esperaban.

Cuando estuvieron cara a cara, los dos prisioneros se fulminaron con la mirada.

—Con que no iban a pillarte, ¿eh? —dijo Raff con sarcasmo.

—Ha sido todo por tu culpa —replicó Ralston—. Prometiste que mantendrías a estos críos alejados para que pudiéramos explorar la cantera sin ser vistos.

—¡Silencio! —ordenó el señor Kinder—. Esta cantera es mía y tengo derecho a saber qué habéis estado tramando.

Ralston dejó escapar un suspiro interminable y, finalmente, confesó:

—Está bien. Le contaré la verdad. Estaba buscando titanio y creo que lo habría encontrado si estos Hollister no se hubieran entrometido.

Según dijo Ralston, al estudiar los mapas geológicos, se dio cuenta de que era probable encontrar vetas de titanio en la cantera o por los alrededores.

—Me compré este equipo de buceo para inspeccionar las paredes de la cantera que quedaban sumergidas en el embalse —dijo. Y, señalando la caja de piedras que Ricky había recogido y se había llevado consigo, añadió—: Estas muestras de titanio las encontré allí.

—Y trató de asustarnos haciéndonos creer que era usted un monstruo —dijo Pam.

—¡Pues no funcionó! ¡Para nada! —exclamó Ricky—. ¡Porque los monstruos no nos dan miedo!

Ralston logró esbozar una sonrisa y confesó que Pam le había dado un susto de muerte cuando la vio caerse accidentalmente en el embalse al ir tras el paracaídas.

El señor Kinder sorprendió a todo el mundo cuando manifestó estar al corriente de la existencia de las cuevas secretas y el canal subterráneo que conducía hasta el embalse, sin saber, no obstante, que alguien más, aparte del señor Link, estaba también al tanto.

—No es usted tan listo como creía —dijo Ralston, irritado—. Descubrí el pasadizo subacuático mientras hacíamos prospecciones en el embalse. Y le propuse a Raff que participara en el asunto para que me ayudara a encontrar la veta de titanio y mantener alejados a los visitantes.

—Pero ¡yo no le hice daño a nadie! —se defendió Sid Raff—. Ni siquiera intervenía cuando el señor Link lanzaba sus globos sonda por la noche.

—¡Qué considerado! —comentó el inventor—. Vio que Kinder y yo nos quedábamos atrapados en la cueva por culpa de un desprendimiento y ni siquiera se molestó en tratar de rescatarnos.

—Sabíamos que ahí dentro había comida para semanas —arguyó Ralston—. Era la oportunidad perfecta para mantenerlos apartados el tiempo suficiente para encontrar la veta de titanio. Intuía que estábamos a punto de encontrarla.

—Íbamos a sacarles de ahí más tarde —aseguró Raff.

—En cuanto la cantera fuera mía —les dijo Ralston—, la vendería a una gran empresa por un buen precio.

Al señor Kinder le salieron chipas de los ojos.

—¿Era usted el que quería comprarme la cantera por una miseria? —le preguntó a Ralston mirándolo fijamente.

El geólogo admitió con rubor que había sido él, mediante un intermediario.

—¡Miserable! —exclamó Pam—. ¡Tratar de comprar una propiedad de tanto valor a un precio tan bajo!

—¡Y pensar que estuve a punto de aceptar la oferta! —dijo el señor Kinder.

—¡Menos mal que los Hollister le convencieron de que no lo hiciera! —apuntó Indy con orgullo.

Ralston dejó caer la cabeza, abatido, y Raff suspiró:

—Ojalá nunca me hubiera metido en esto.

—¡Hiaaa! ¡Hiaaa! —rebuznó Domingo desde lo alto del Castillo de Roca.

—¡Oh, pobrecito! —exclamó Pam—. ¡Quiere unirse a la diversión! ¿Está atado, Indy?

Este asintió, y las dos hermanas corrieron a liberar a su amigo el burro y, mientras las chicas subían presurosas por el sendero, Ricky y Pete siguieron formulando preguntas a los dos hombres.

Se enteraron de que había sido Ralston quien se había llevado las llaves del coche el día del pícnic y también quien había escrito esa nota amenazadora. También había puesto en marcha la bomba de agua para asustar a los exploradores, y se había encargado de encender el fuego en el borde de la cantera y de añadirle un producto químico para que adquiriera una tonalidad verdosa.

—Y supongo que también hizo caer el árbol —dedujo Pete—. ¡Podríamos haber resultado heridos!

—Solo pretendía asustaros —insistió Ralston.

—En todos los años que llevo haciendo prospecciones en esta cantera —caviló el señor Kinder—, nunca había encontrado titanio. No me extraña —añadió—, estaba todo en el embalse.

—No todo —precisó Pete, recordando el pedacito que había encontrado Ricky. Y se lo sacó del bolsillo.

El señor Kinder se puso las gafas y examinó la piedra.

—Una muestra pequeña no hace una veta —dijo—. ¿Dónde la encontrasteis?

—Arriba, en el sendero —respondió Ricky, señalando el lugar con el dedo.

Mientras, Pam y Holly habían llegado a la cima del Castillo de Roca y habían desatado a Domingo, y ahora avanzaban sendero abajo para reunirse con los demás. Cuando llegaron al lugar donde Pam había arrancado esa roca el día antes, Holly se encaramó con cautela en el montón de tierra revuelta que el desprendimiento había formado y agarró la gran piedra con ambos brazos. Luego la metió en un saco, a lomos de Domingo, y siguió bajando por el sendero hasta alcanzar la orilla del embalse.

—Aquí tienes otra roca, explorador Ricky —dijo Holly, dejando la piedra blanquecina a los pies de su hermano.

Al ver la base de la piedra, los ojos de Ralston se abrieron de par en par.

—Es... —empezó a decir.

—¡Titanio! —gritó Pete.

El señor Kinder se ajustó las gafas y la examinó más de cerca.

—¡Ya lo creo que lo es! —exclamó—. ¡Y un pedazo de los gordos! ¿Dónde lo encontraste, Holly?

—En el mismo sitio donde Ricky encontró su piedra —respondió.

El señor Kinder estaba tan emocionado que saltó a lomos de Domingo y azuzó al burro para plantarse cuanto antes en el lugar señalado. Los demás corrieron detrás de él, a excepción de Ralston y Raff, a los que Indy vigilaba muy de cerca. El ágil y viejo buscador de piedras se apeó de un salto en el revoltijo de tierra y rebuscó entre las piedras.

—¡Está aquí! ¡Es una veta de titanio! —gritó.

Luego agarró al señor Link y los dos compinches se pusieron a bailar.

Ricky y Holly se reían con ganas, bailando también alrededor.

—¡Qué día tan feliz! —exclamó Pam, rebosante de alegría—. Señor Kinder, ha encontrado usted titanio y... Oh, señor Link, me había olvidado de decírselo: ¡la Oficina Meteorológica quiere comprarle su paracaídas parlante!

—¿De verdad? ¿Y vosotros cómo lo sabéis?

Pam enseguida le habló del viaje que hicieron a Nueva York. Cuando le hubo dado el nombre y la dirección de Hootnanny, el hombrecillo se quedó unos instantes en silencio y, al cabo de un rato, dijo sosegadamente:

—Hoy, jóvenes detectives, habéis hecho muy felices a estos dos ancianos.

De regreso al embalse, Pete preguntó:

—¿Qué piensa hacer con Raff y Ralston?

El señor Kinder le dio vueltas a la pregunta antes de responder:

—Sus planes para engañarme han fracasado —concluyó—. Lo único que han hecho es entrar en mi propiedad e intentar asustar a la gente. Quizás hayan aprendido la lección.

Y, al verse frente a esos dos villanos, les dijo:

—Podría haber hecho que os detuvieran por todos los problemas que habéis causado, pero, en lugar de eso, os echo para siempre de la cantera del Castillo de Roca. Y ahora marchaos, ¡y no volváis jamás!

Sid Raff pidió permiso para entrar un momento en la cantera e ir a buscar algo de ropa para su amigo Ralston. En cuanto lo hubo hecho, los dos hombres se alejaron de allí abatidos y, por lo que supieron los Hollister, ya no regresaron jamás.

Mientras ese par de granujas avanzaba cansinamente, el coche de los Hollister se cruzó con ellos en la accidentada carretera que conducía a la entrada de la propiedad del Castillo de Roca. La señora Hollister iba al volante y, junto a ella, estaban sentadas Sue y Daffy. La niña del cabello negro llevaba a Maddie-Poo en brazos.

Cuando el coche llegó al campamento, los jóvenes exploradores corrieron a saludarlas. La señora Hollister detuvo el vehículo y, asomando la cabeza por la ventanilla, gritó:

—¡Os he traído más refrescos y otro pastel de chocolate!

—¡Qué bien, mamá! —exclamó Pam mientras los niños se apiñaban alrededor del vehículo—. ¡Así podremos celebrarlo a lo grande!

—Hemos atrapado al monstruo y hemos encontrado al señor Kinder, y al señor Link, y también titanio, ¡y nos morimos de hambre! —soltó Ricky sin apenas respirar.

—¡Qué emocionante! —dijo Daffy—. Oh, ¡cuánto me gustaría haberlo visto!

—Aunque no estuvieras aquí con nosotros —observó Pam—, has hecho mucho para ayudar a resolver este misterio.

La señora Hollister se rio:

—¡Entonces vuestra acampada en la cantera ha sido un éxito!

—¡Y que lo diga! —declaró el señor Kinder cuando él, el señor Link e Indy se unieron a la fiesta.

Domingo, el último del grupo, llegó al trote.

Sue se apeó del coche abrazando su muñeca con orgullo.

—¡Mirad! —les anunció, radiante, a todos—. Maddie-Poo tiene la cabeza bien derecha y se encuentra mejor... y... ¡y la madre de Joey le ha soltado una buena bronca a su hijo!

Y entonces la niña se fijó en el embalse de la cantera.

—¿Se ha marchado ya el monstruo? —preguntó—. Porque no quiero que se zampe a Maddie-Poo.

Todo el mundo se echó a reír, y Pete dijo:

—¡El monstruo se ha marchado de la cantera del Castillo de Roca para no volver jamás!

—Lo que significa que me voy a divertir un rato —declaró Ricky.

Y, después de echar a correr hacia la tienda de los chicos, regresó con su paracaídas.

—¡Seré el primero en llegar a la cima del Castillo de Roca! —los desafió.

—¡De eso nada! —replicó Daffy, y una nube de polvo se levantó mientras los dos muchachos corrían a toda prisa uno junto al otro.

ÍNDICE

Los Hollister

La gran familia de los Hollister vuelve con sus entretenidas aventuras, en una nueva edición actualizada ilustrada por Pedro Rodríguez.

Primeros títulos en librerías

Los felices Hollister

Los Hollister van al río

Los Hollister en el Castillo de Roca

Próximamente...

Los Hollister y las monedas de la suerte

Los Hollister y el ídolo misterioso

Los Hollister en Suiza

Los tres investigadores

Los emocionantes misterios de
***Los tres investigadores* en una nueva edición**
actualizada, ilustrada por Pedro Rodríguez

Primeros títulos en librerías
Misterio en el castillo del terror
Misterio del loro tartamudo
Misterio de la momia
Misterio del fantasma verde

Próximamente...
Misterio del tesoro desaparecido
Misterio en la isla del esqueleto

Puck

Vuelve la estudiante, deportista, capitana y detective Puck en una nueva edición actualizada, ilustrada por Montse Martín

Primeros títulos en librerías
Puck colegiala
Puck triunfa
Puck detective
Puck en la nieve

Próximamente...
Puck obra bien
Puck en el cine

Enid Blyton™

SANTA CLARA

Serie Santa Clara

Los divertidos enredos en la escuela para jovencitas de Santa Clara en una nueva edición actualizada.

Las mellizas cambian de colegio
Las mellizas O'Sullivan
Las mellizas en Santa Clara
Segundo curso en Santa Clara
Claudina en Santa Clara
Quinto grado en Santa Clara

Enid Blyton™

Serie Aventuras

Las divertidas aventuras de Enid Blyton con Jorge, Dolly, Lucy, Jack y el parlanchín loro Kiki en una nueva edición actualizada.

Aventura en la isla
Aventura en el castillo
Aventura en el valle
Aventura en el mar
Aventura en la montaña
Aventura en el barco
Aventura en el circo
Aventura en el río

Enid Blyton

Serie Torres de Malory

Las aventuras de siempre en el internado para niñas de Torres de Malory en una nueva edición actualizada.

Primer curso en Torres de Malory
Segundo grado en Torres de Malory
Tercer año en Torres de Malory
Cuarto curso en Torres de Malory
Quinto grado en Torres de Malory
Último curso en Torres de Malory

¡En Torres de Malory no hay quien se aburra!

Blanquita Sue Sra. y Sr. Hollister Pete